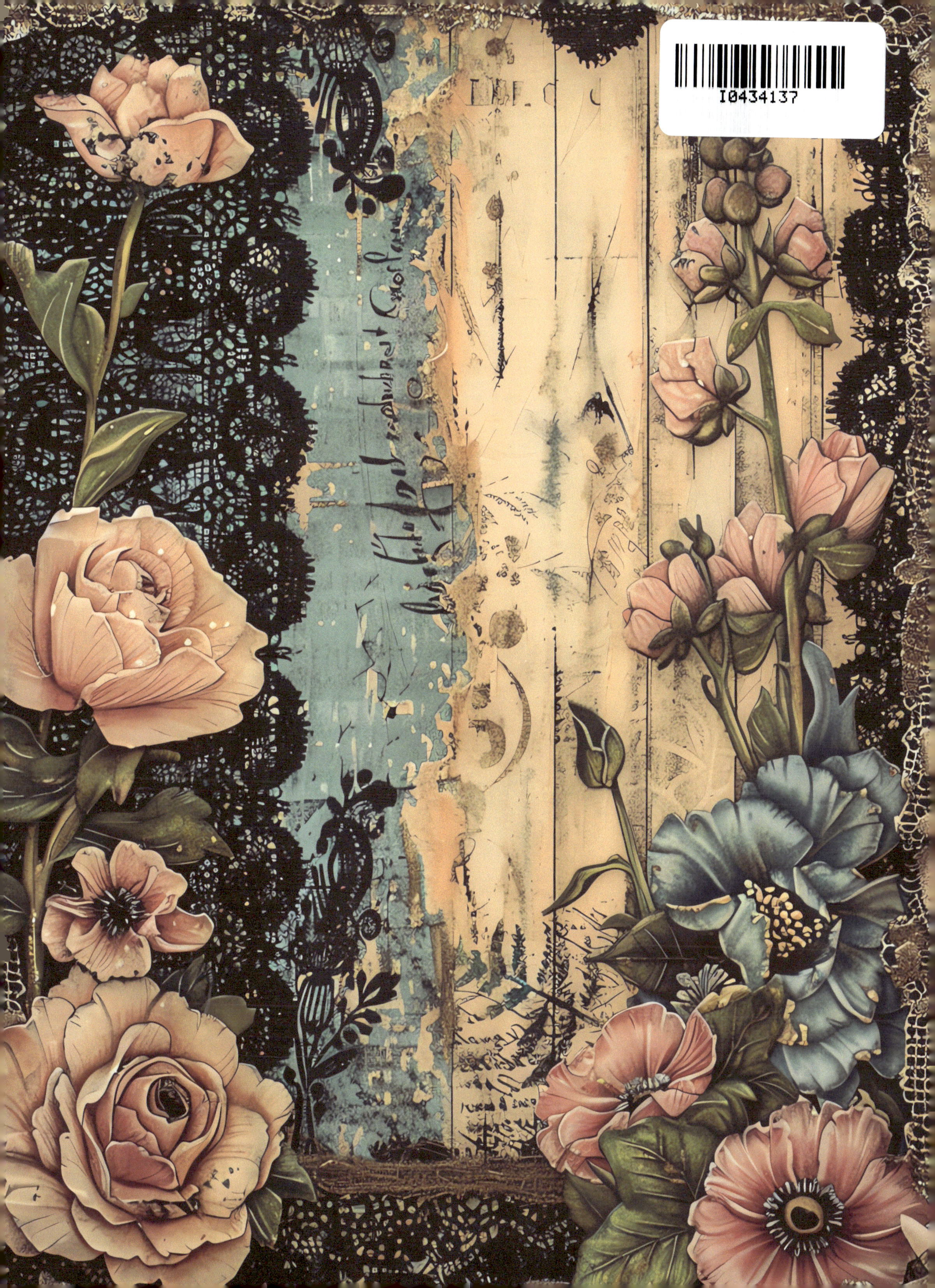

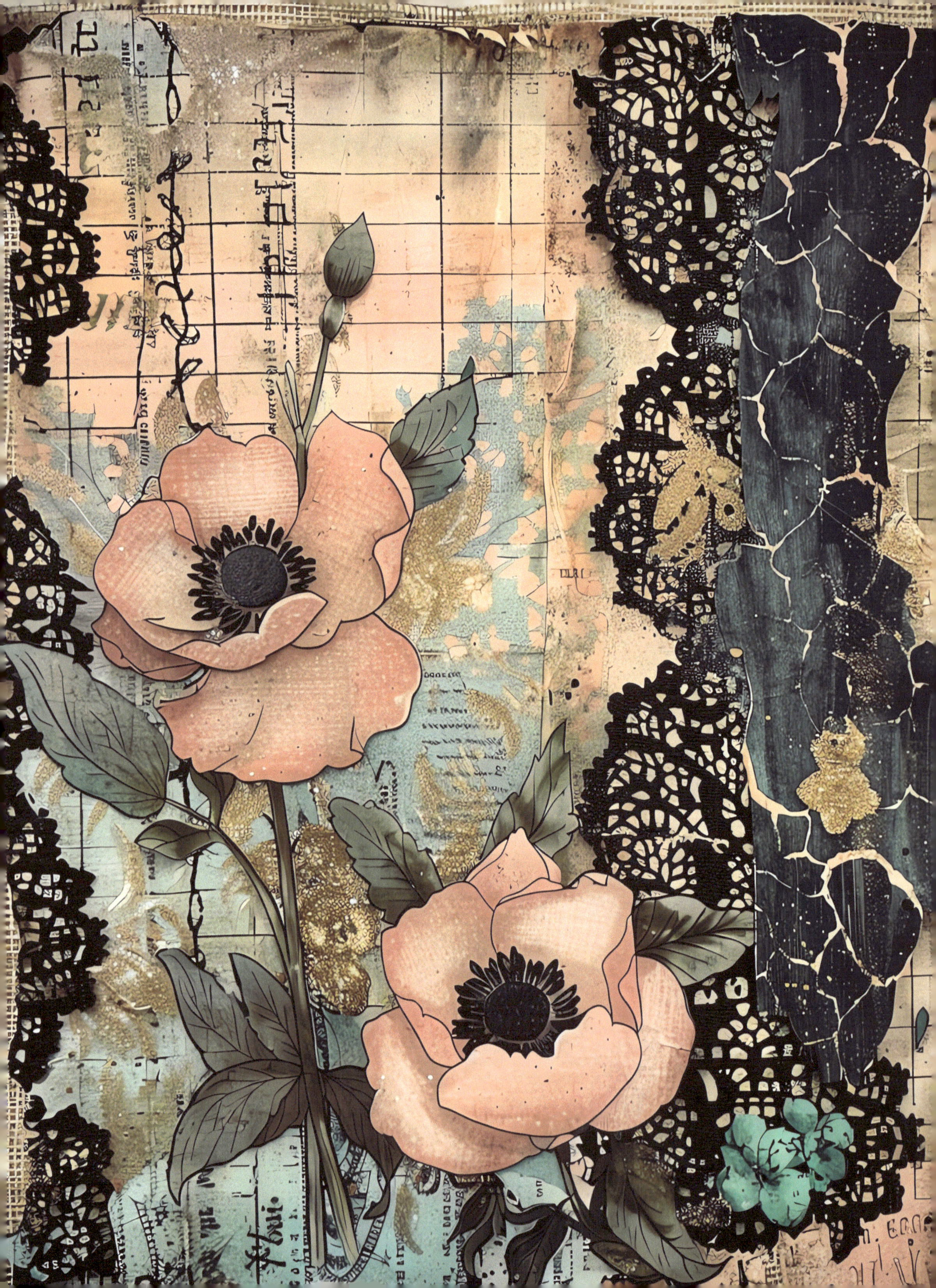

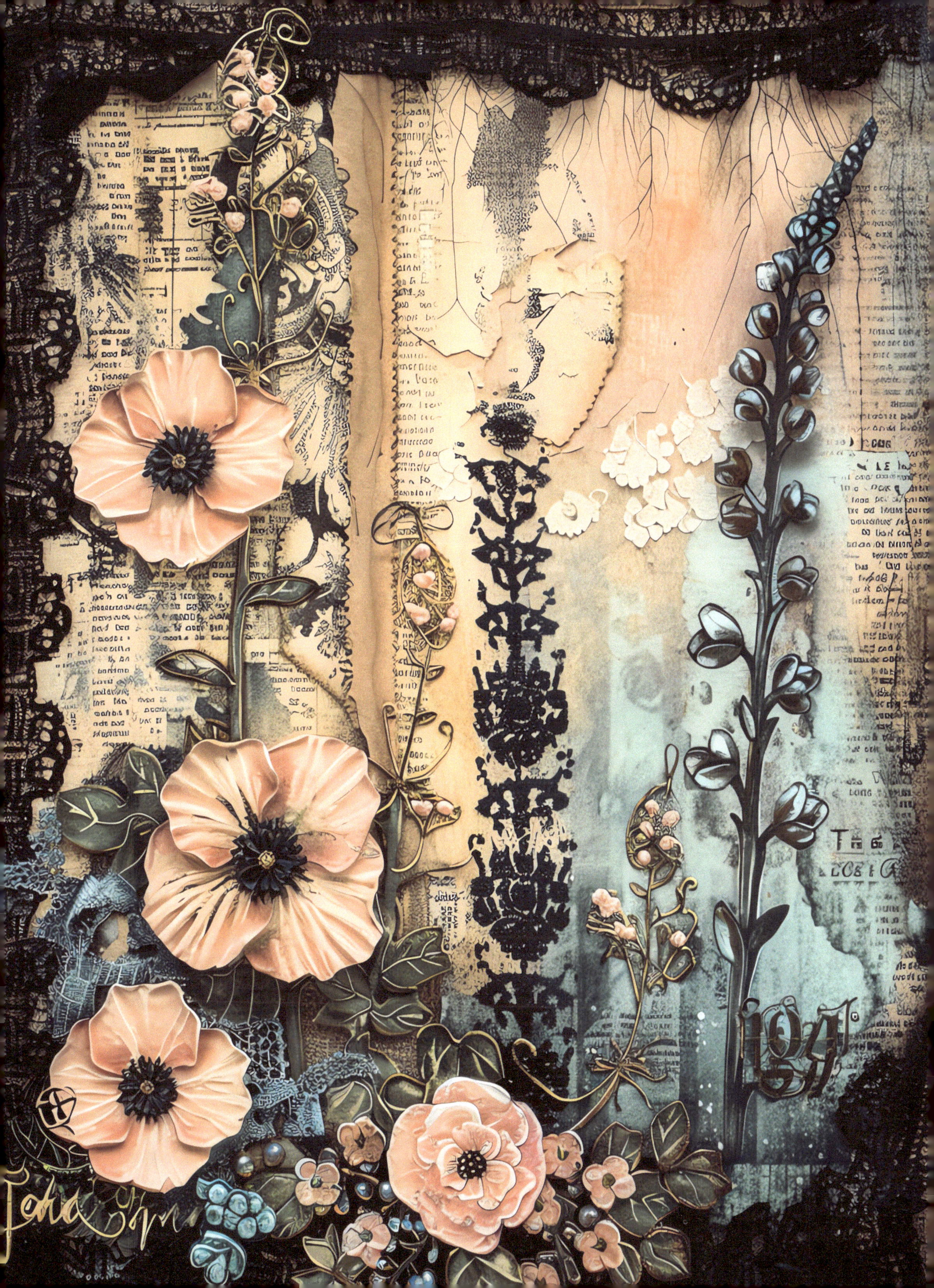

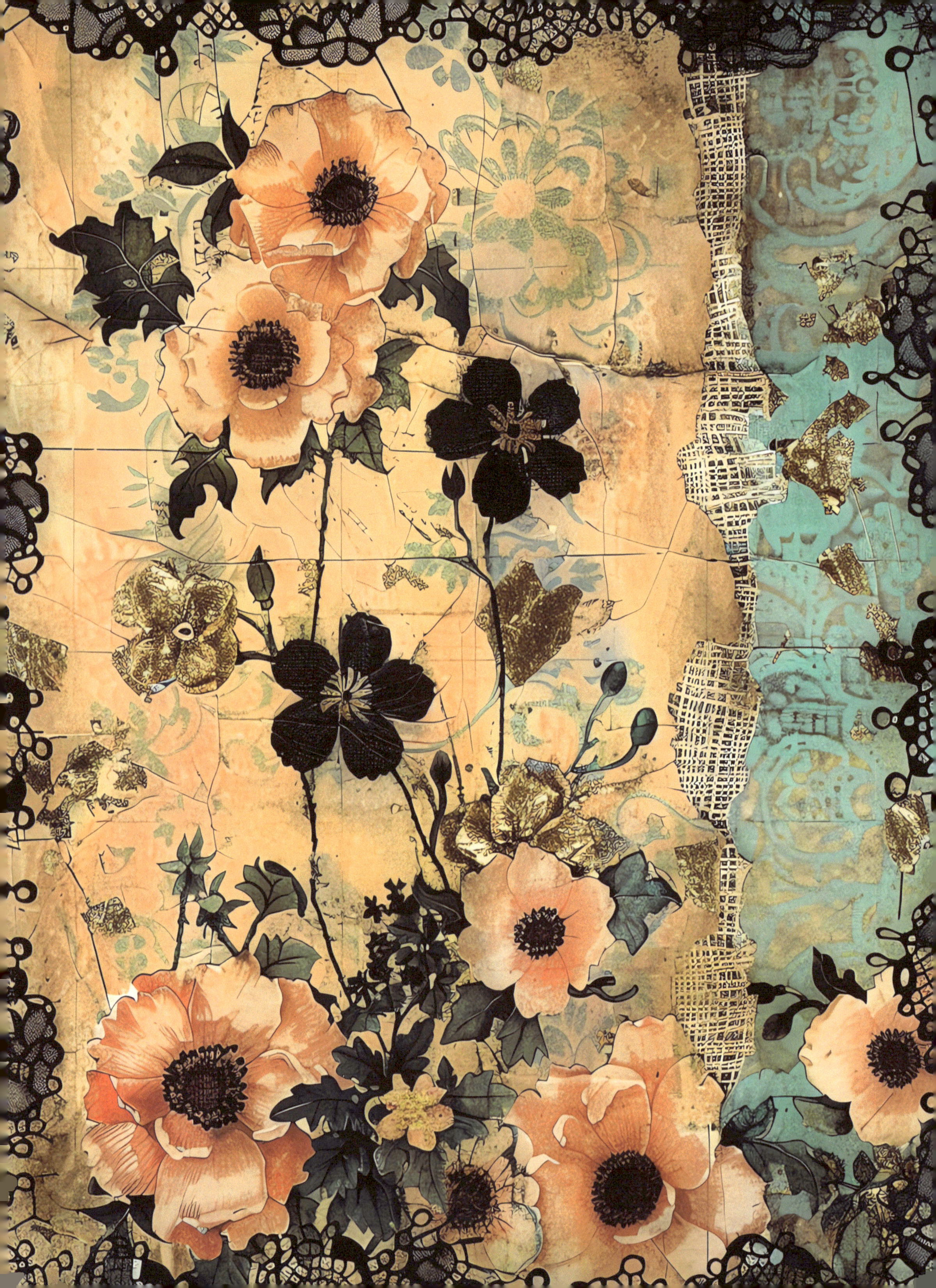

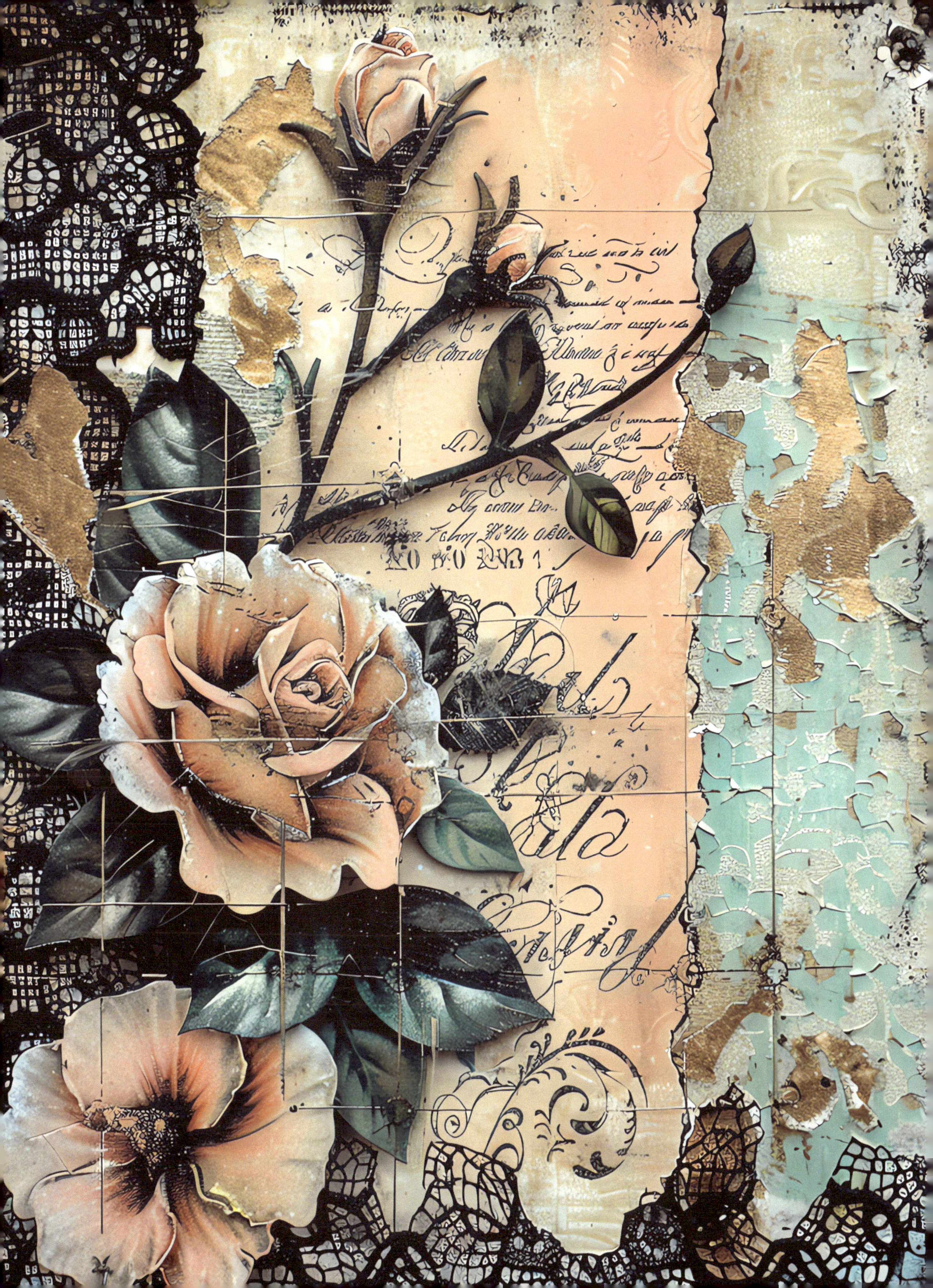

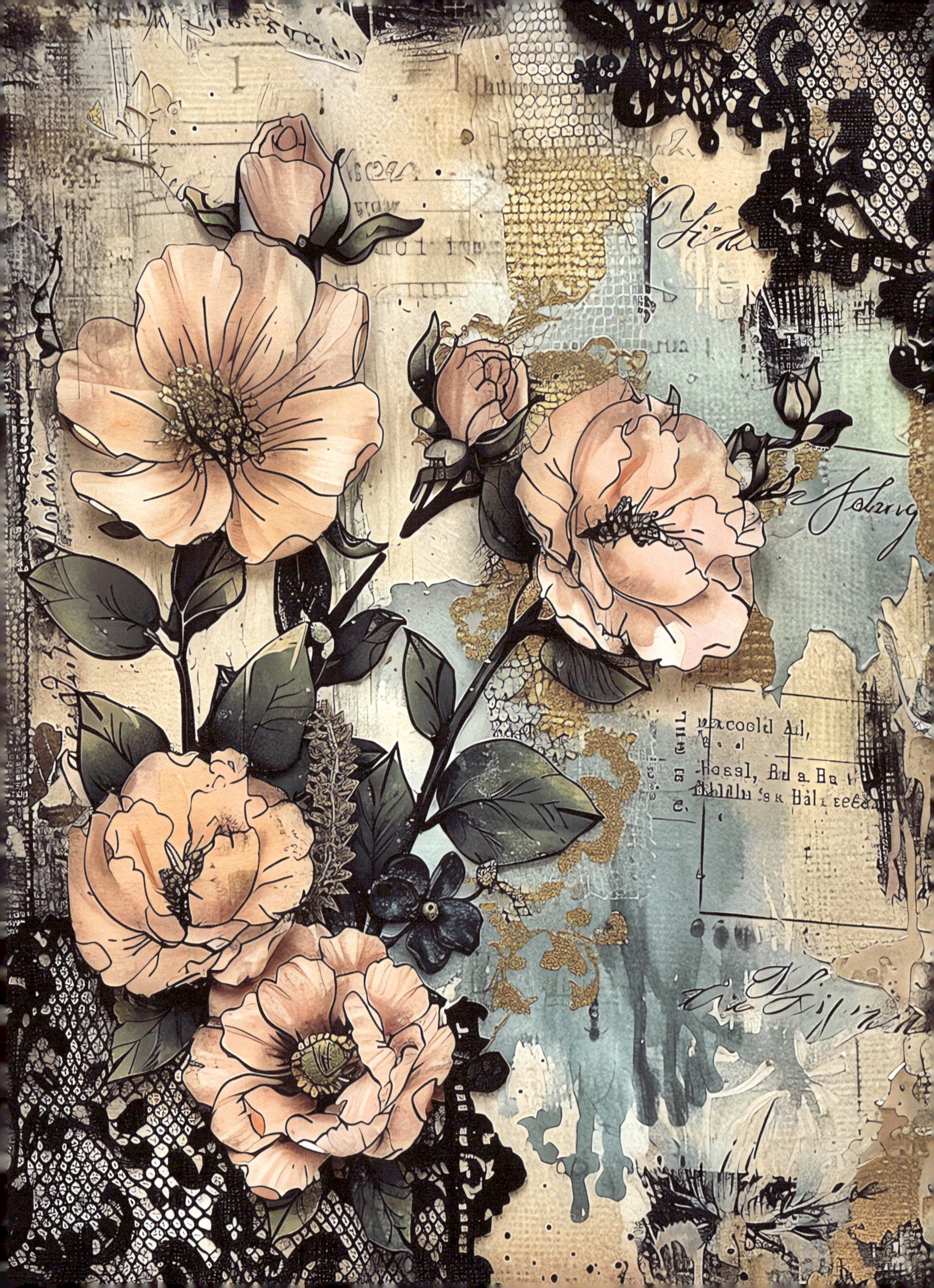

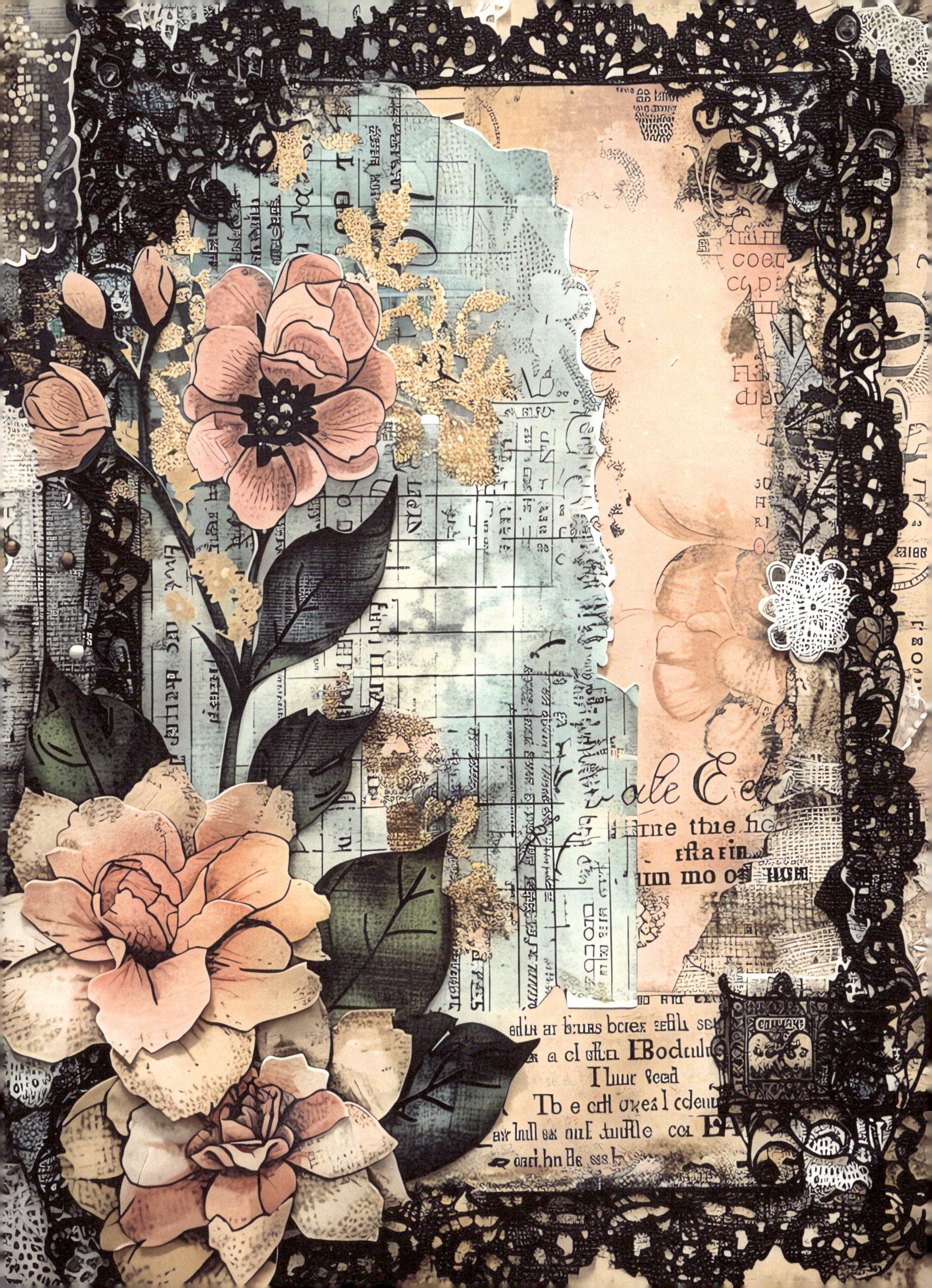

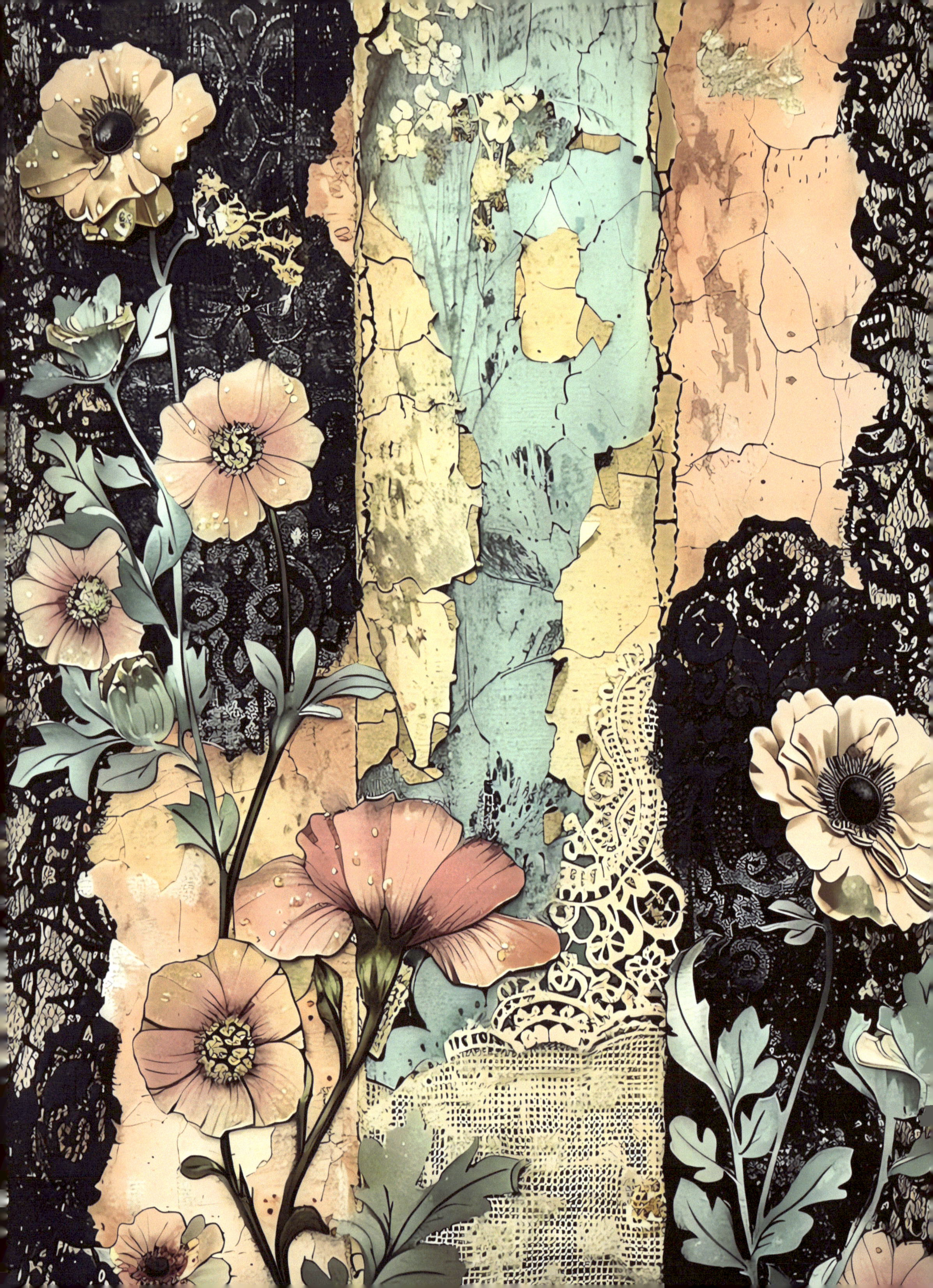

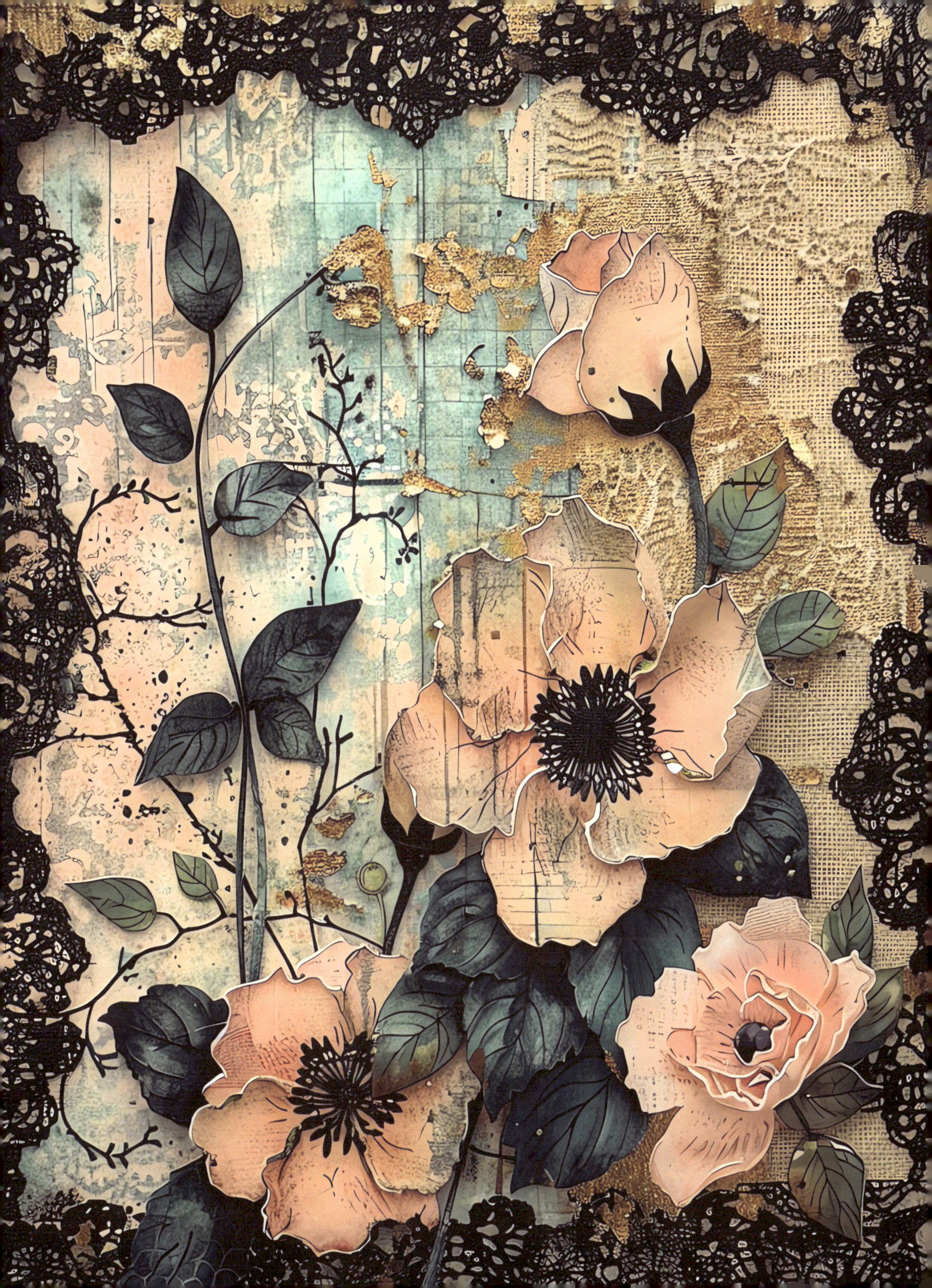

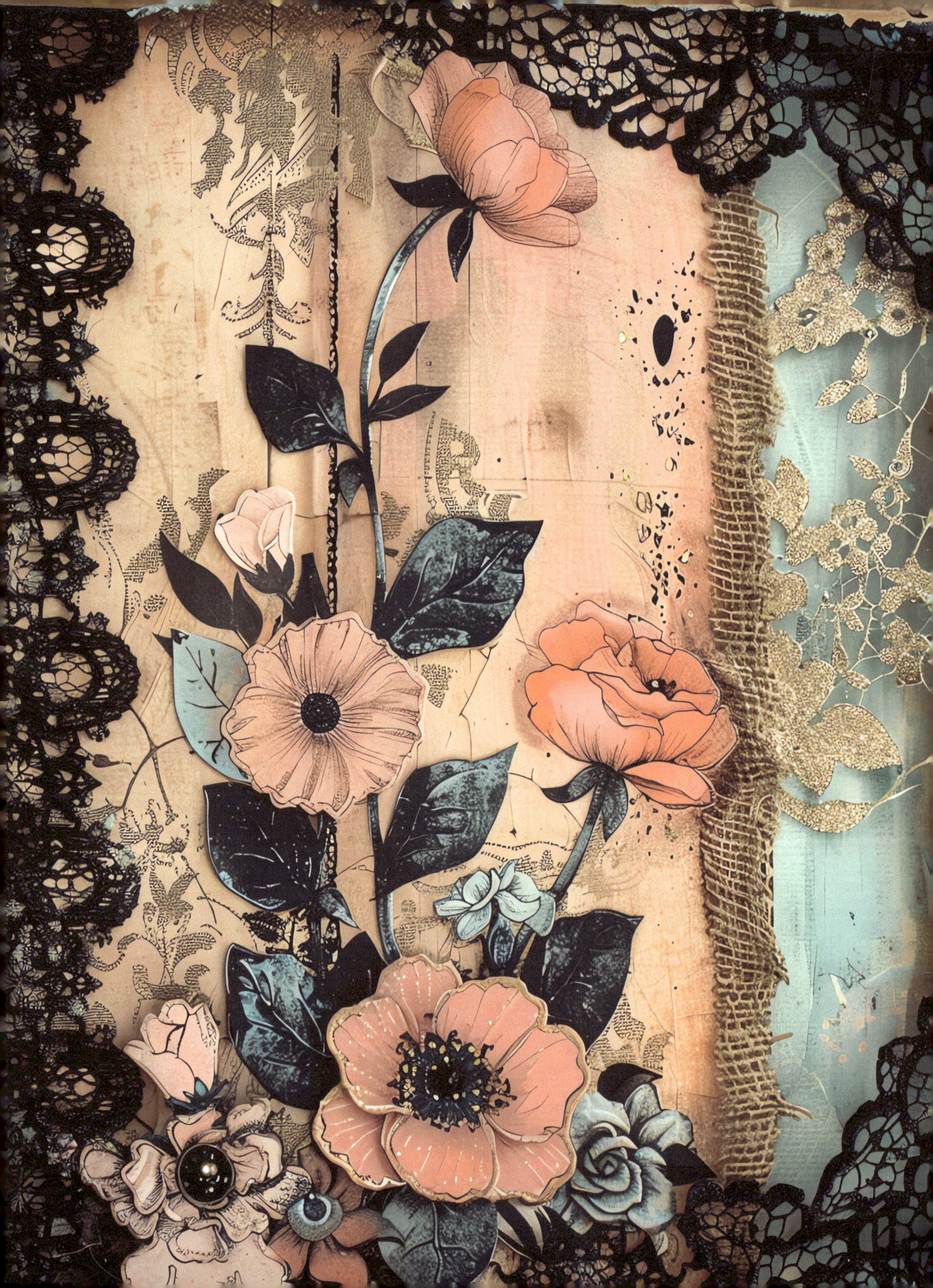

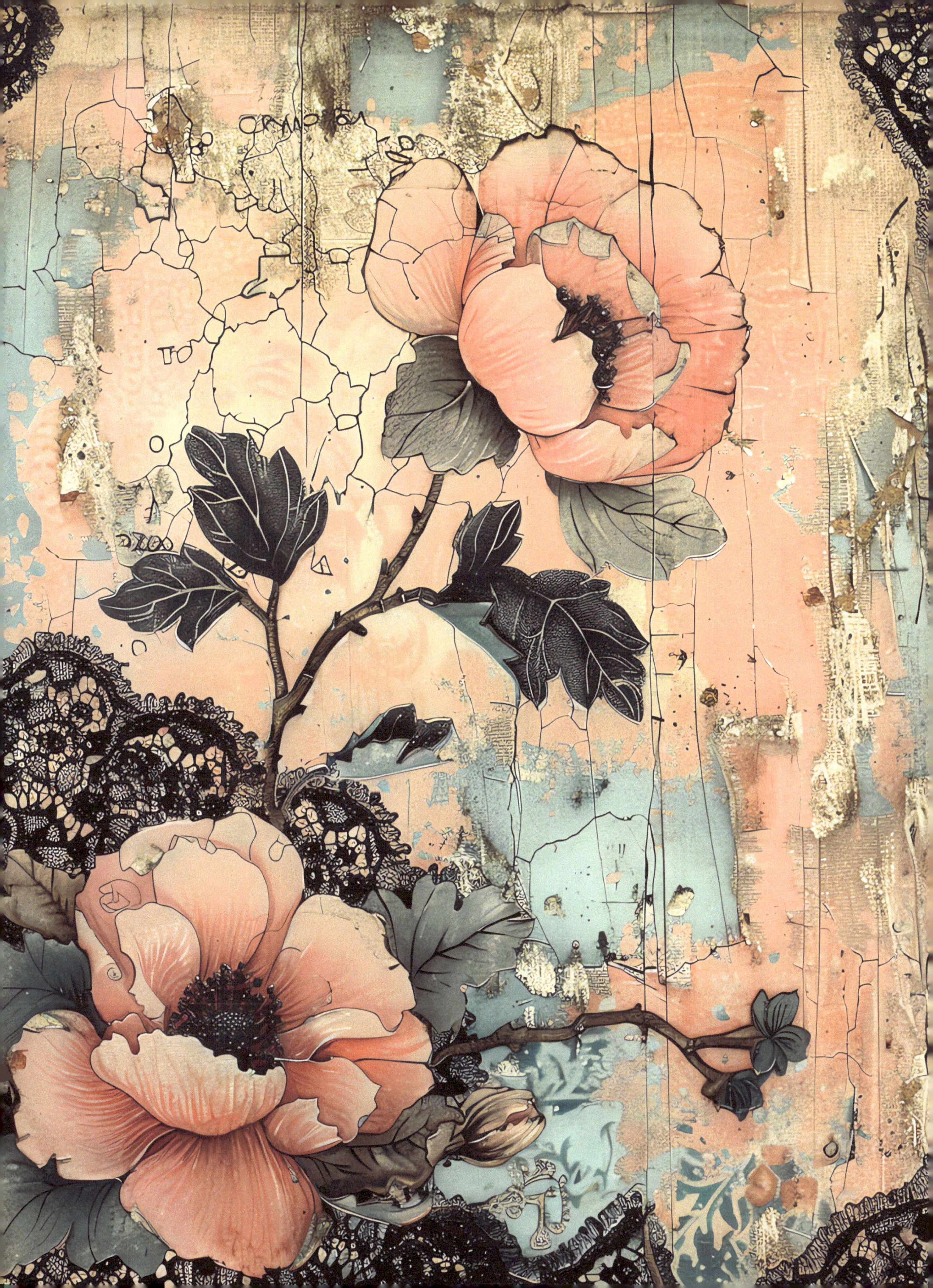

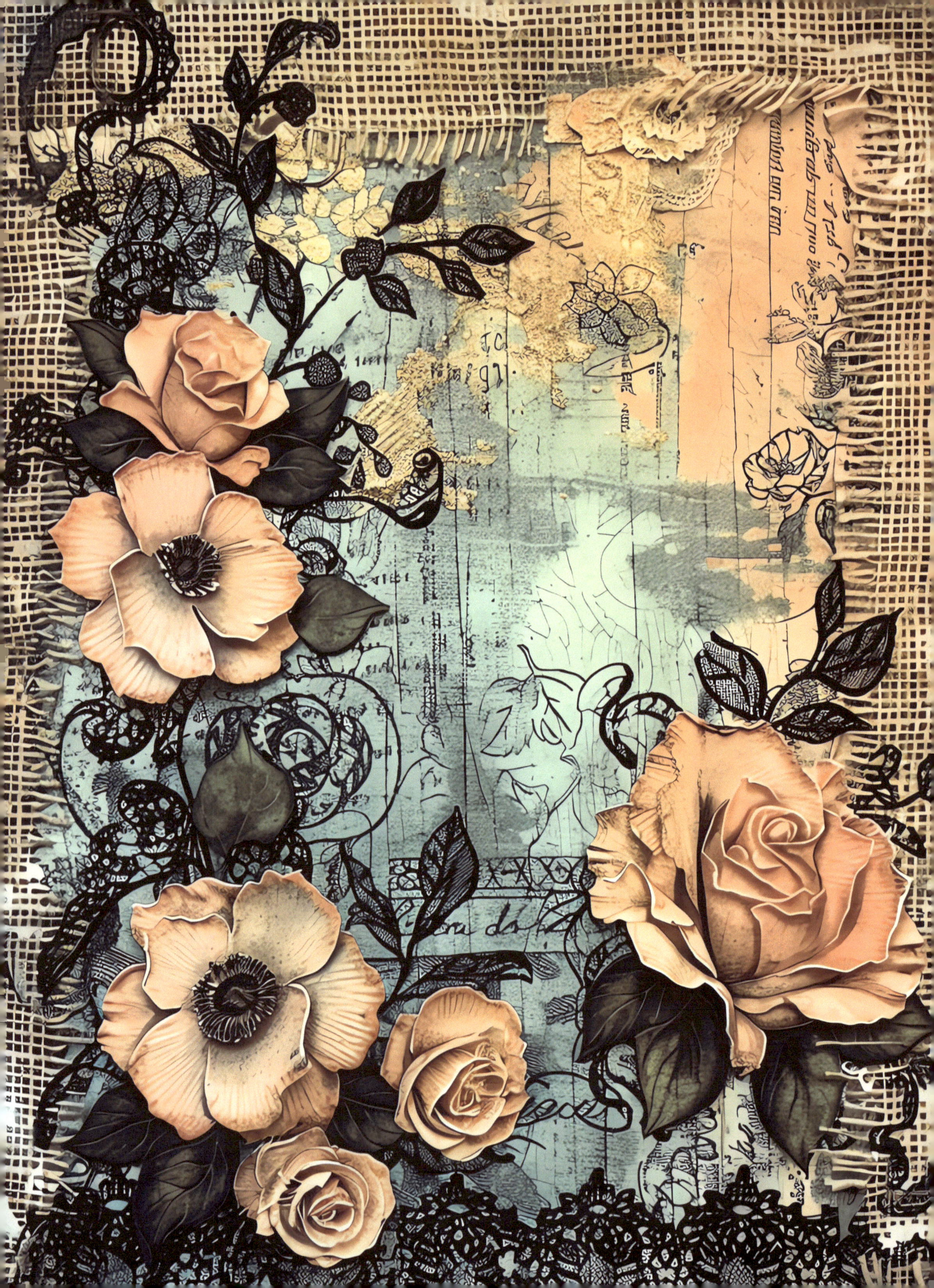

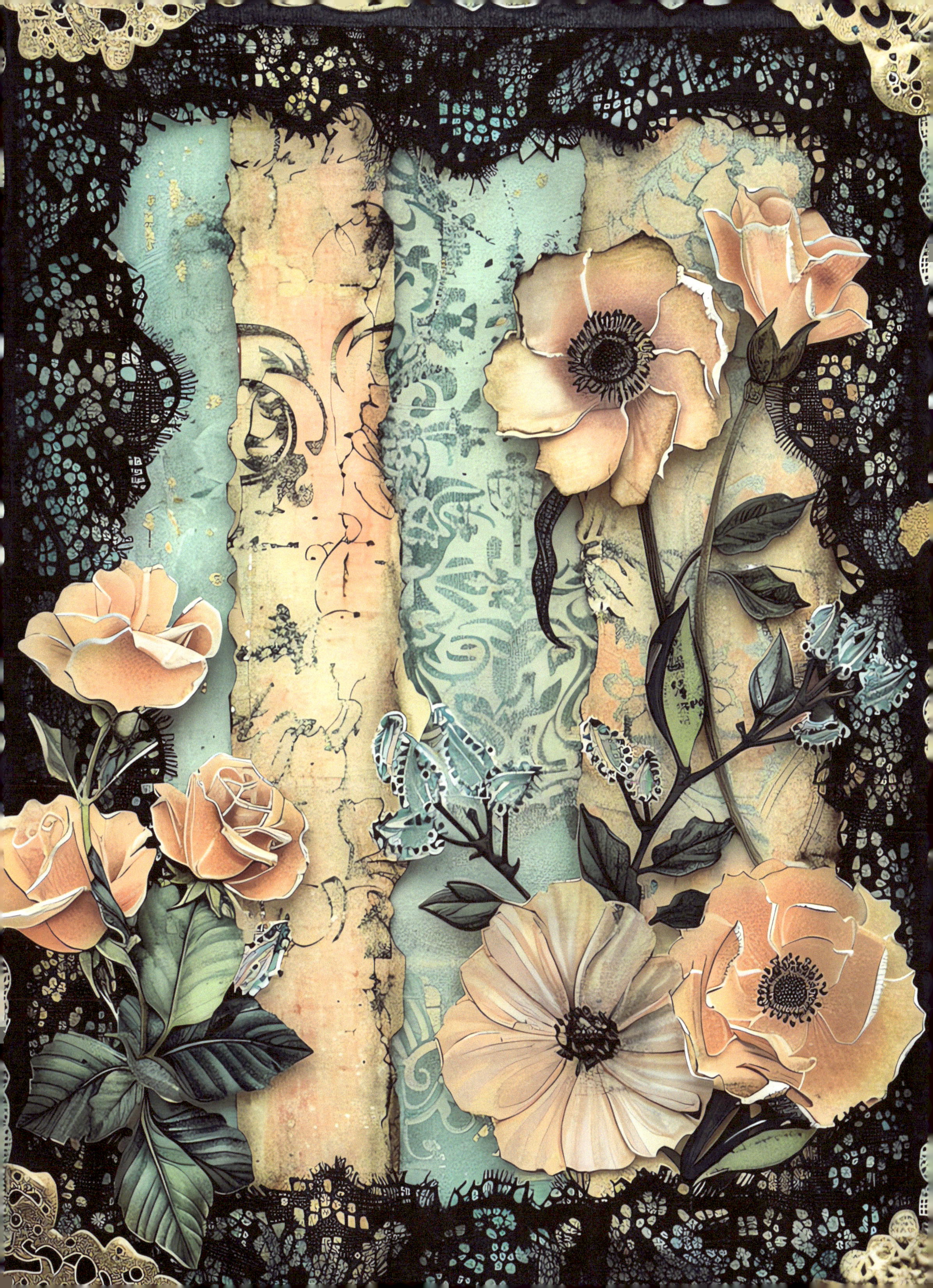

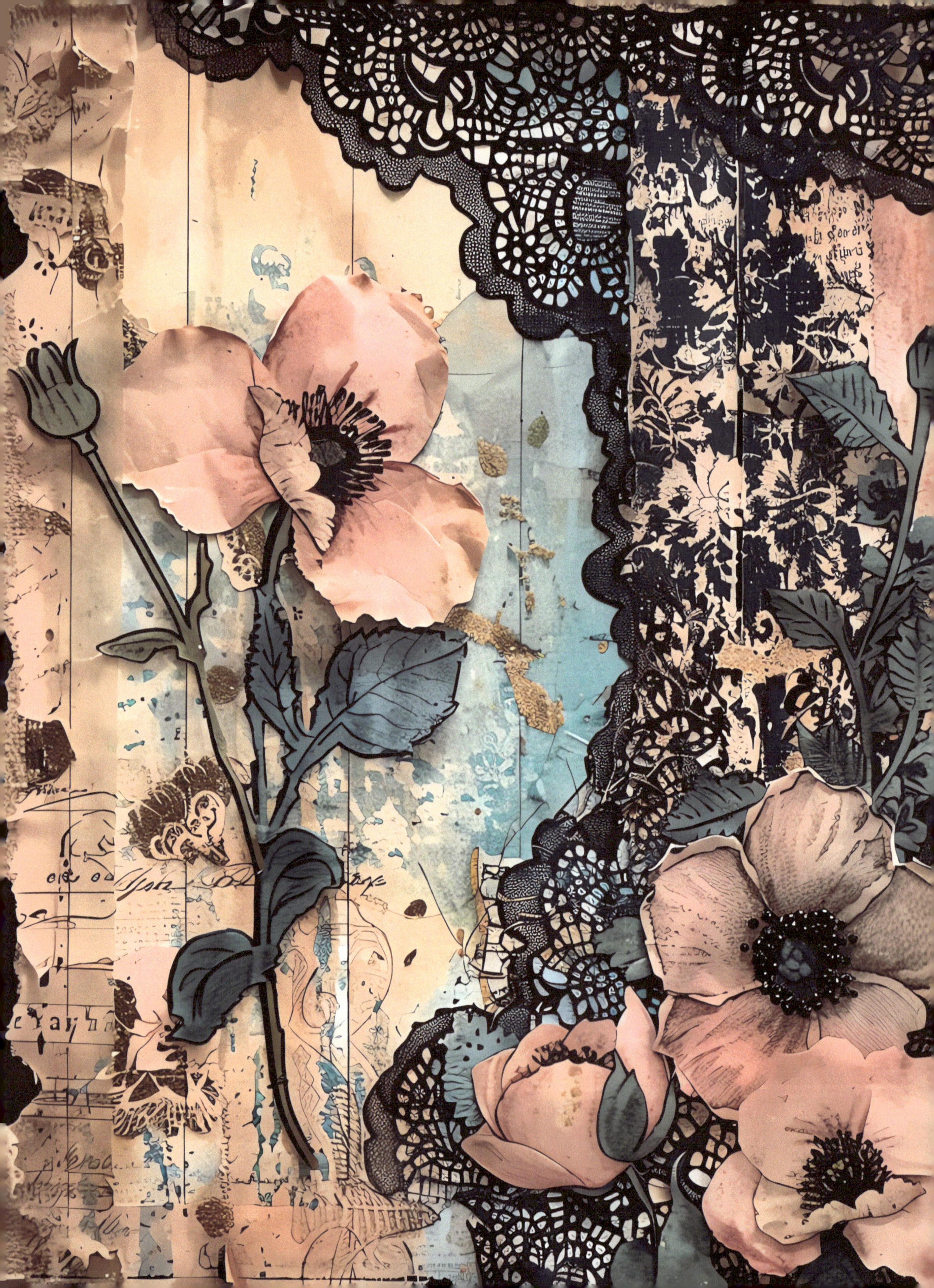

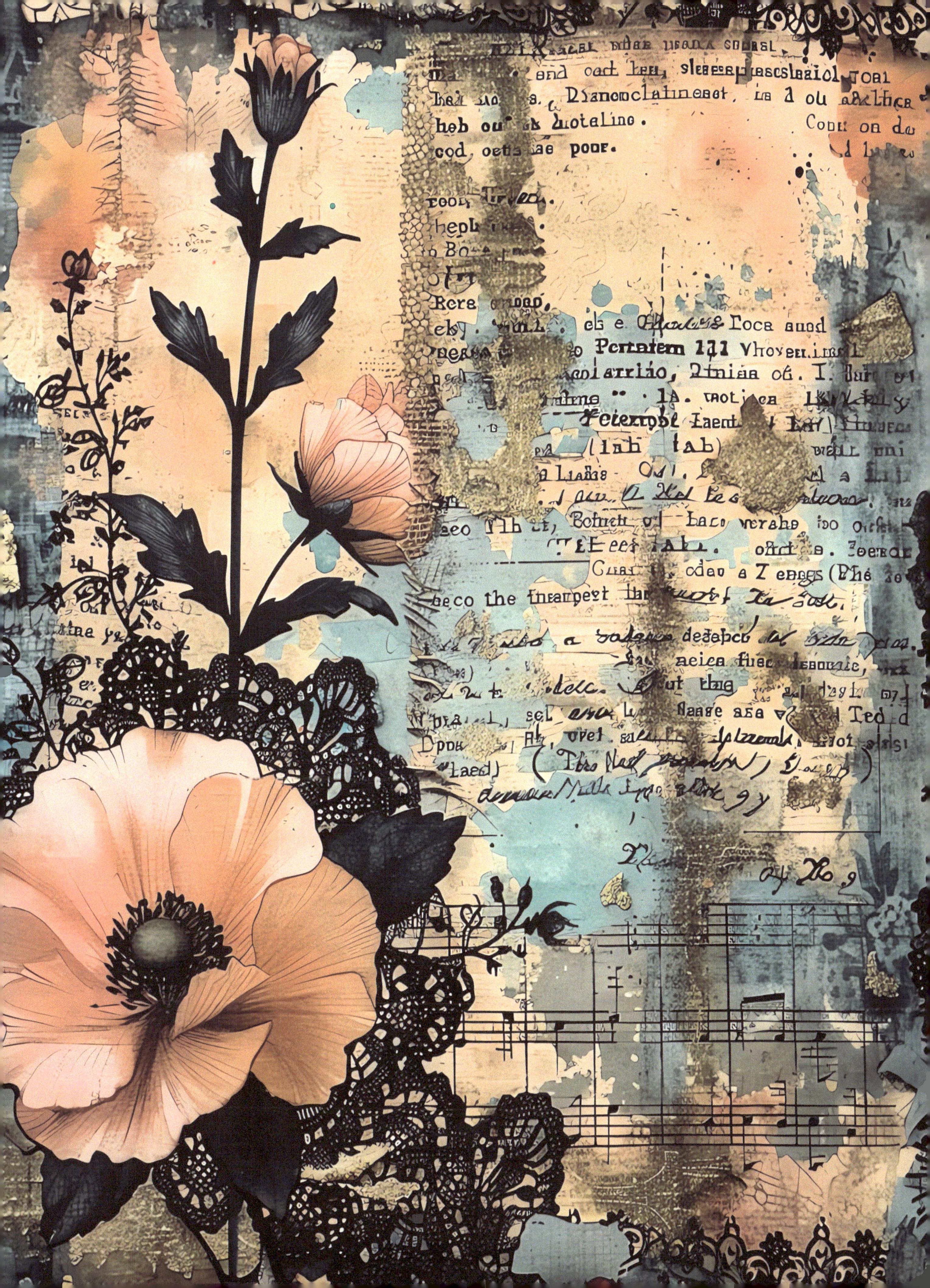

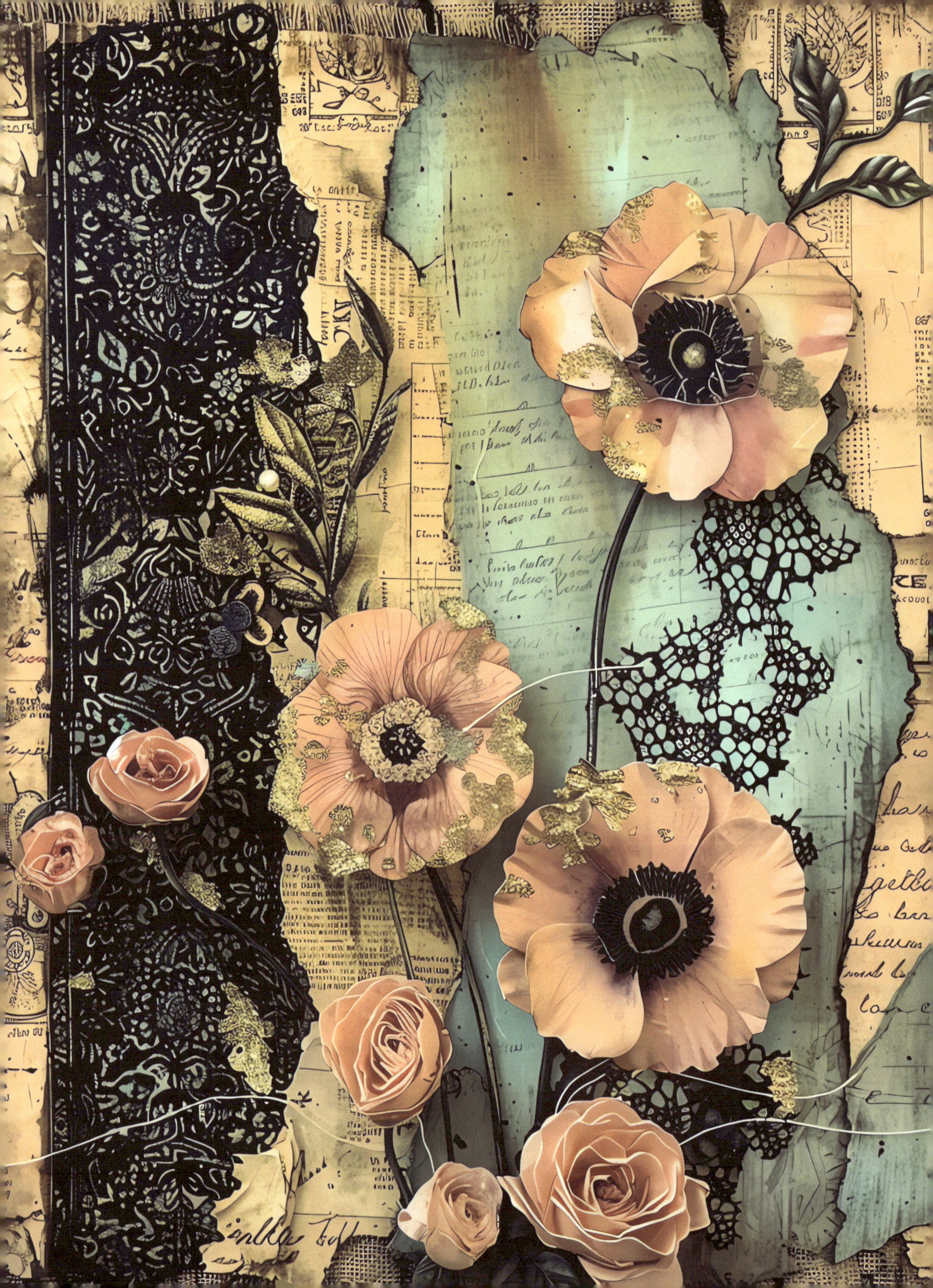

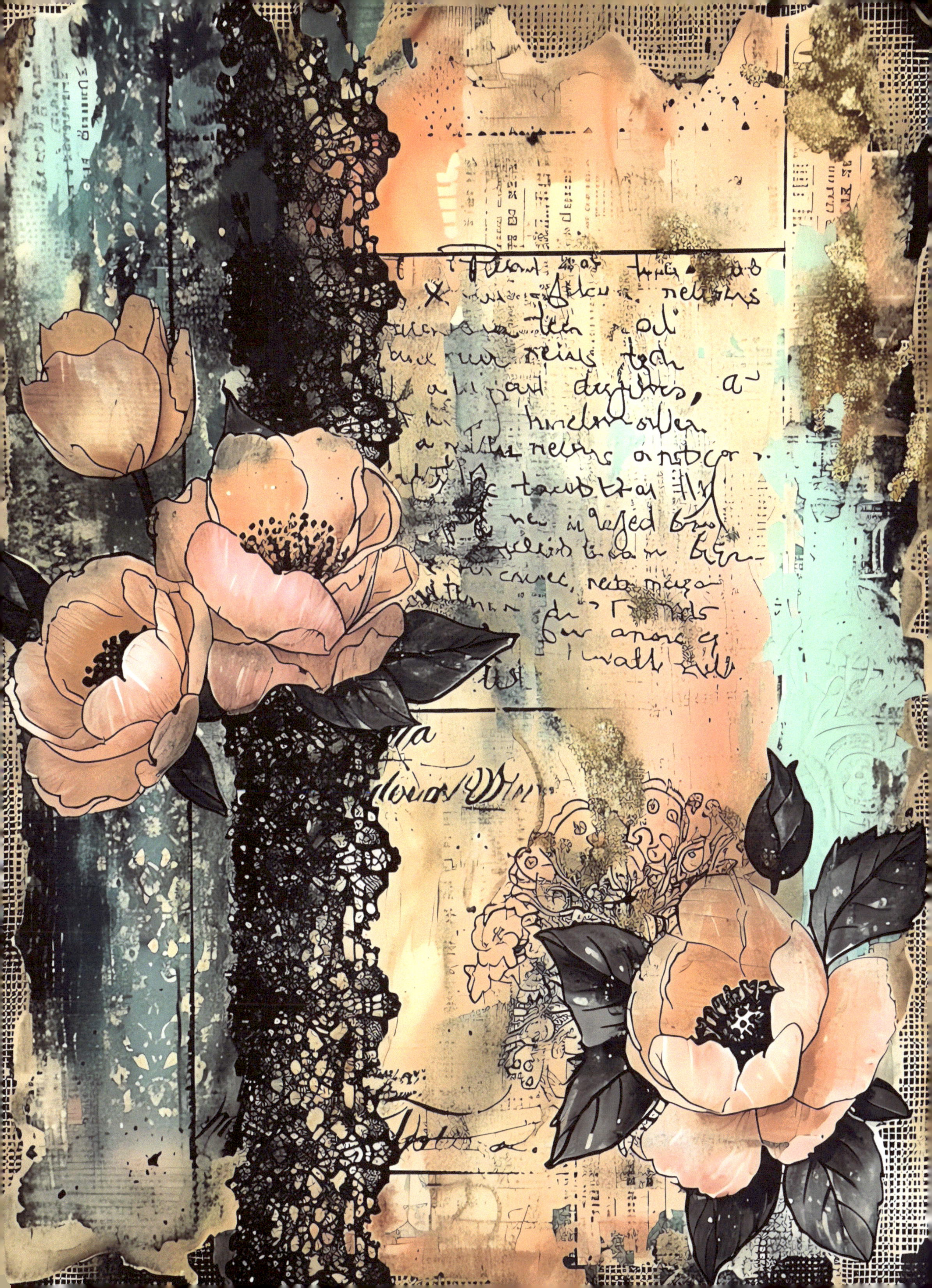

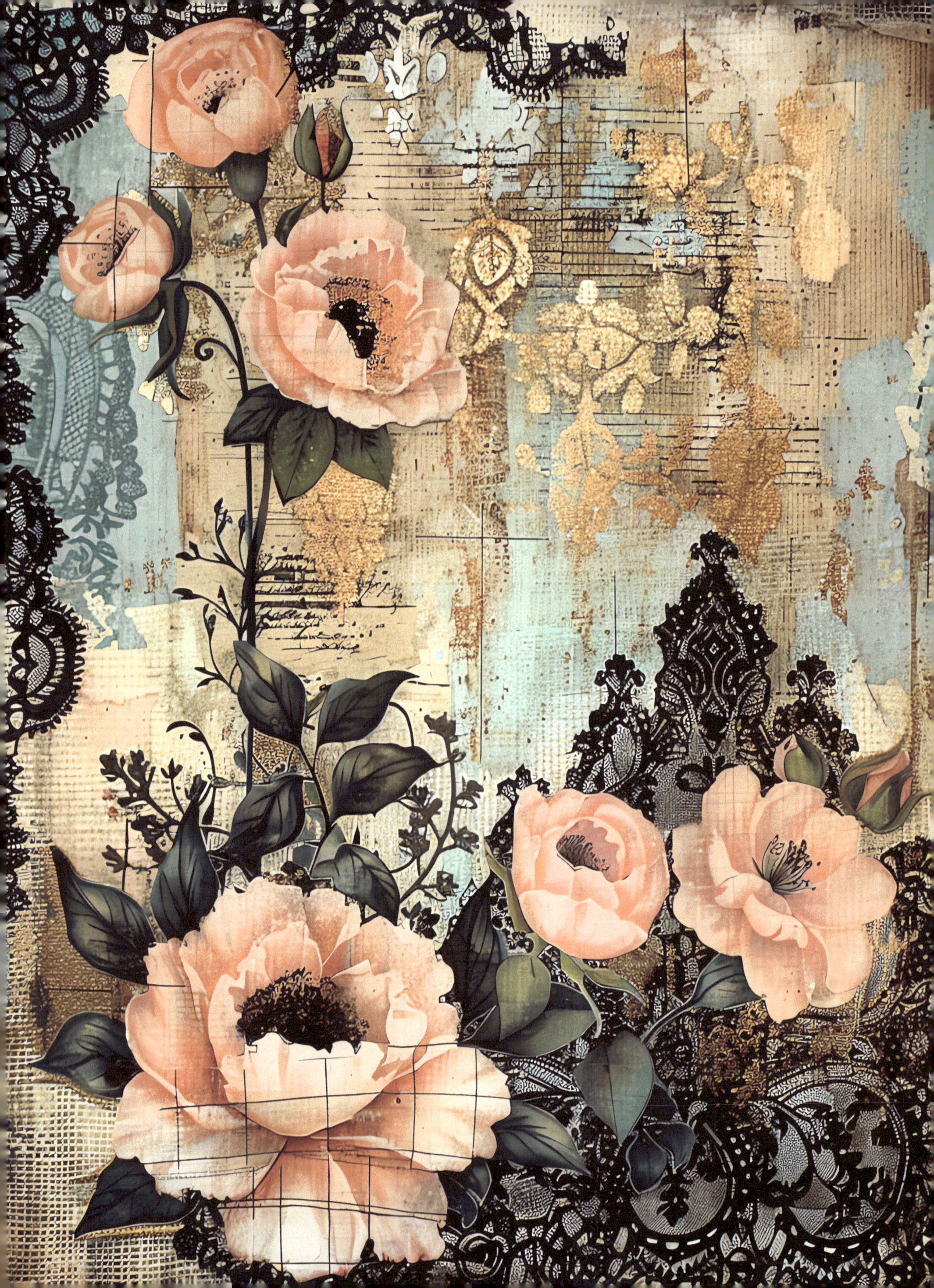

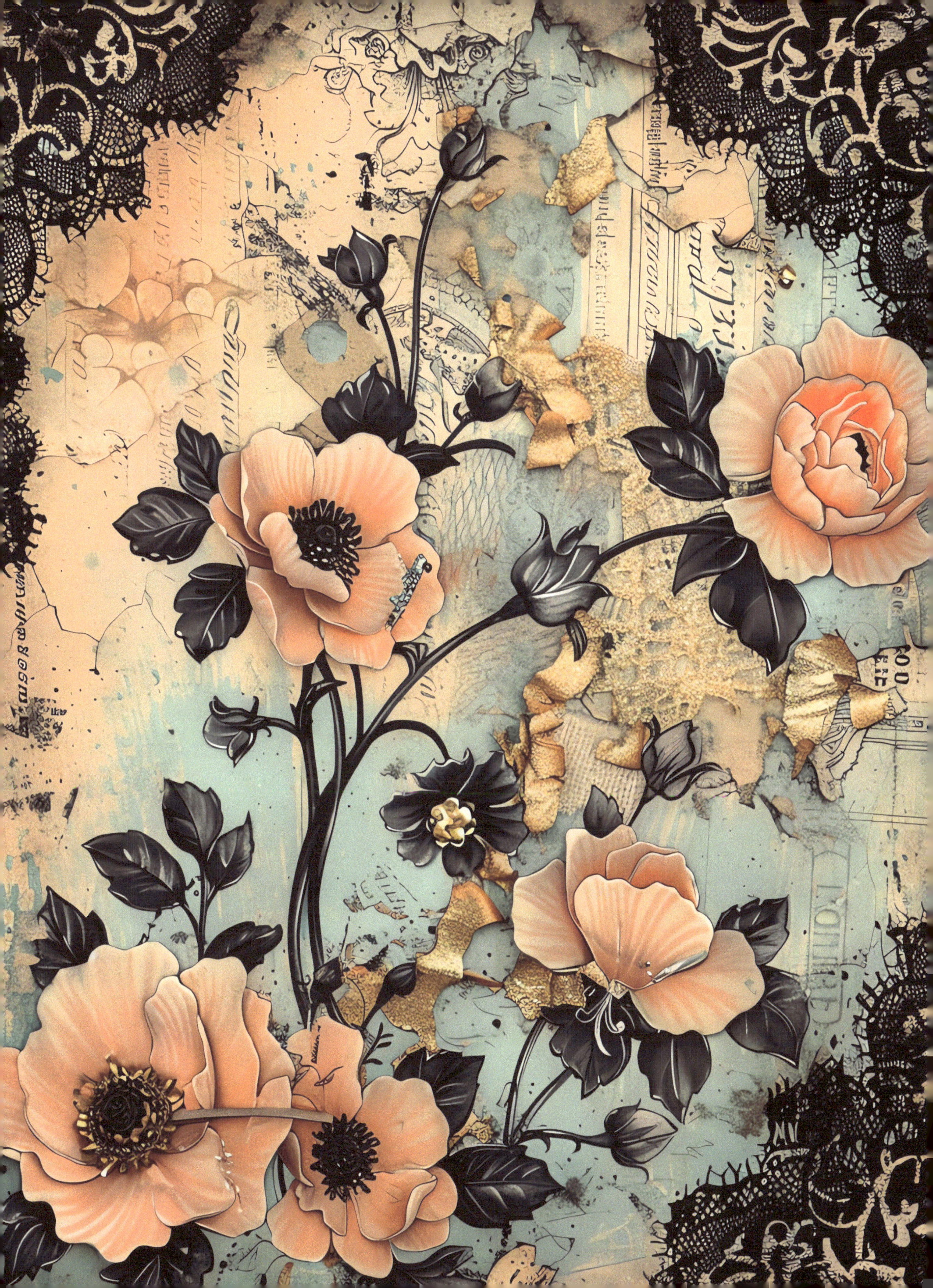

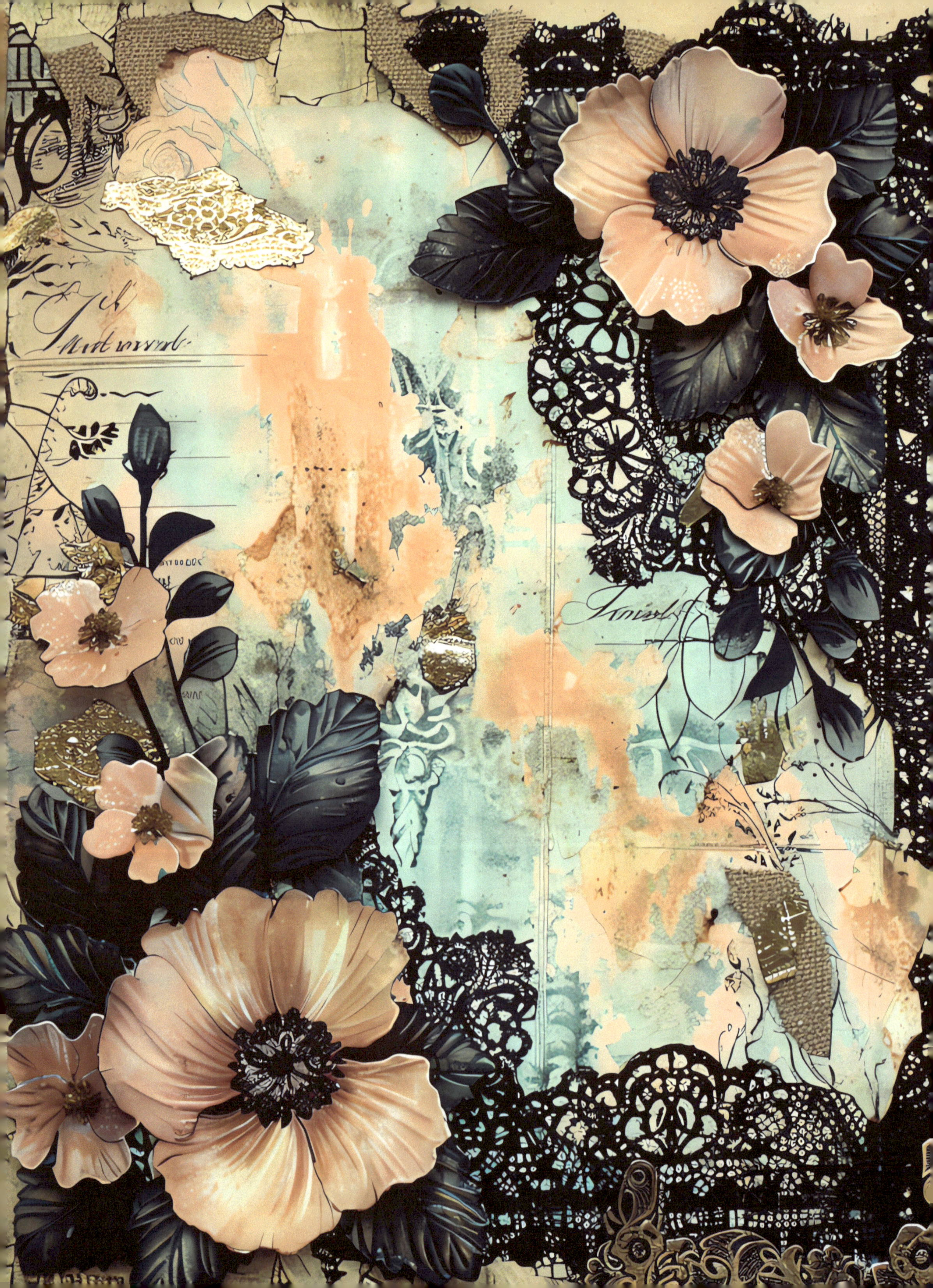

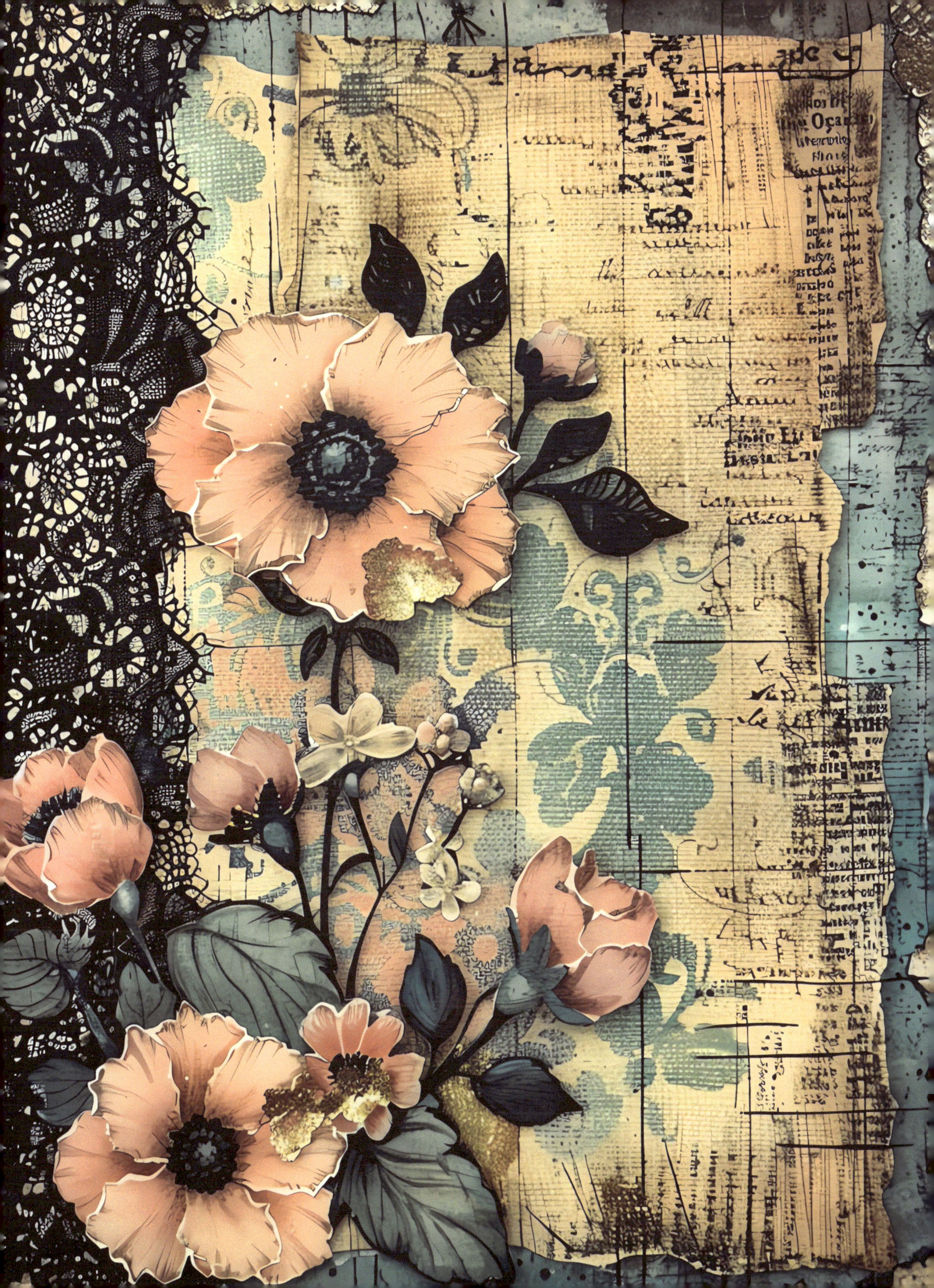

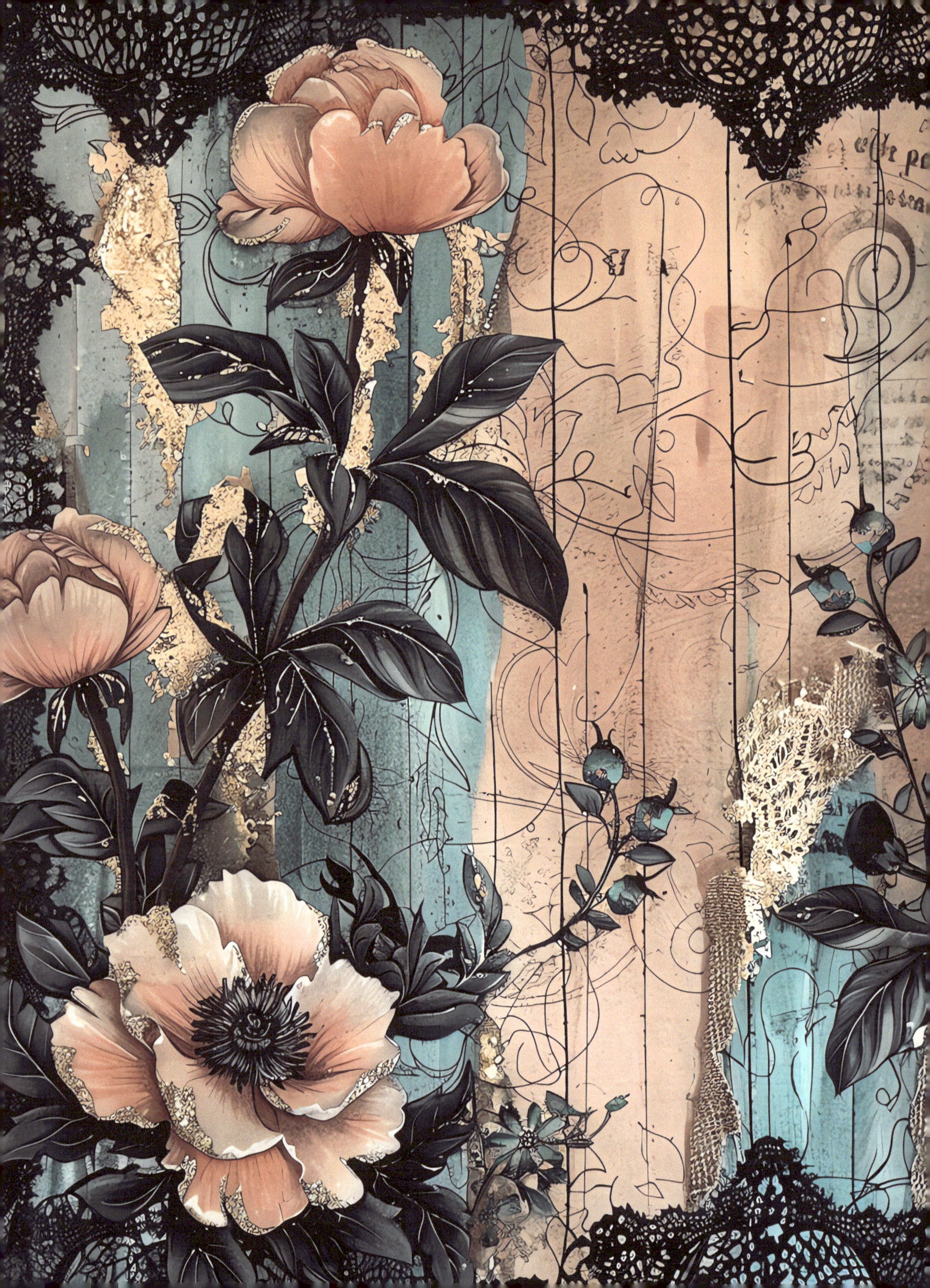

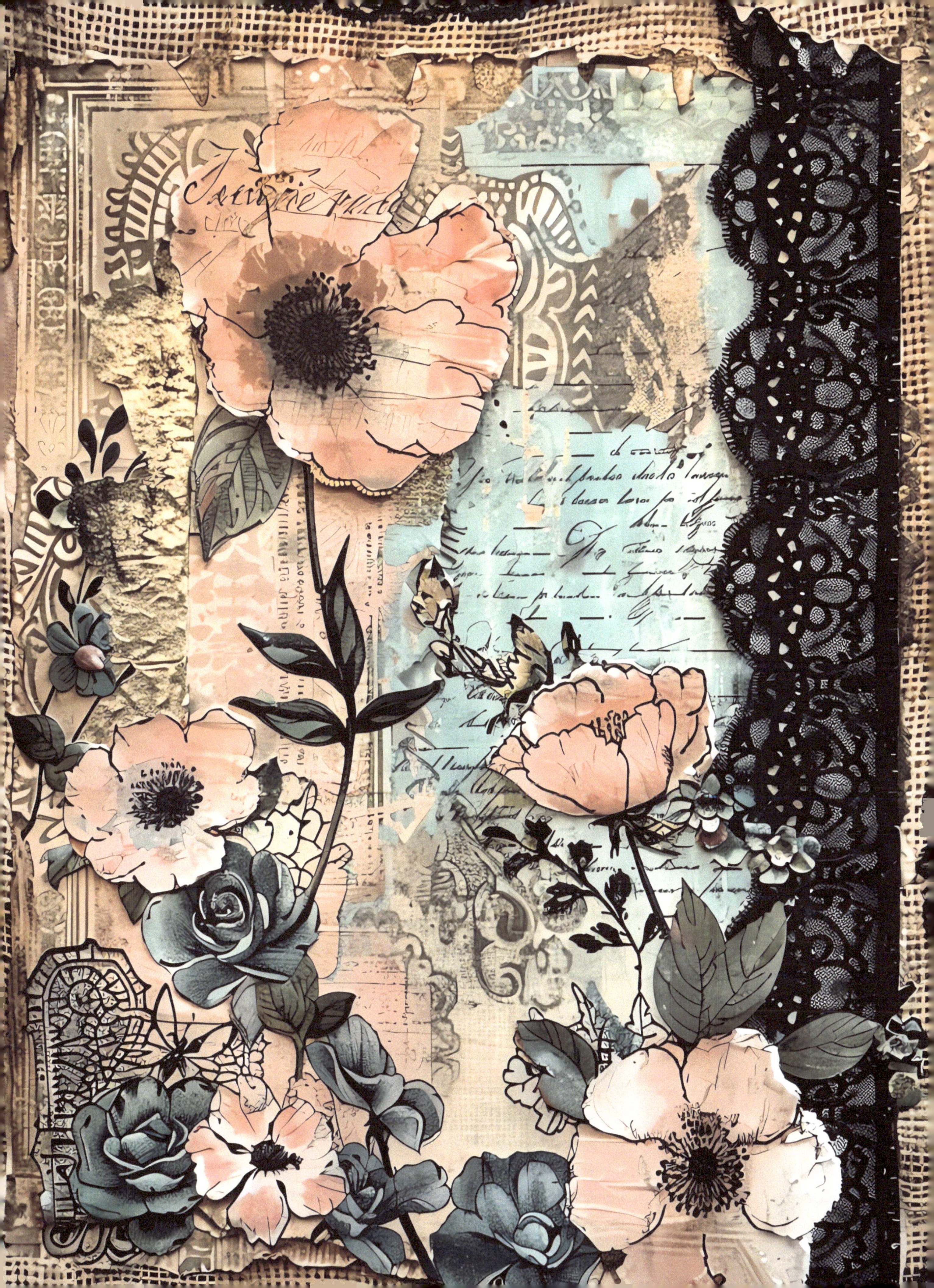

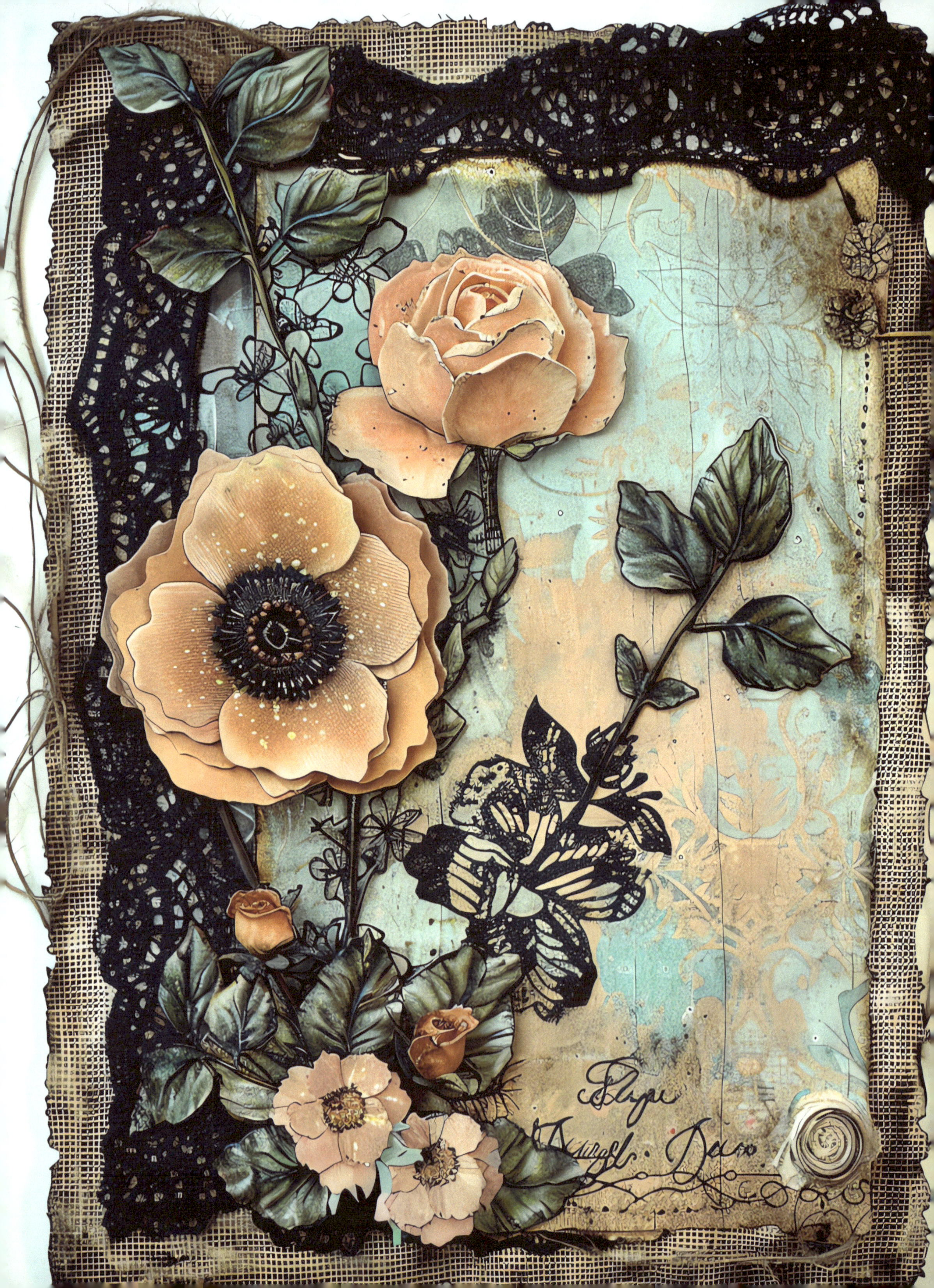

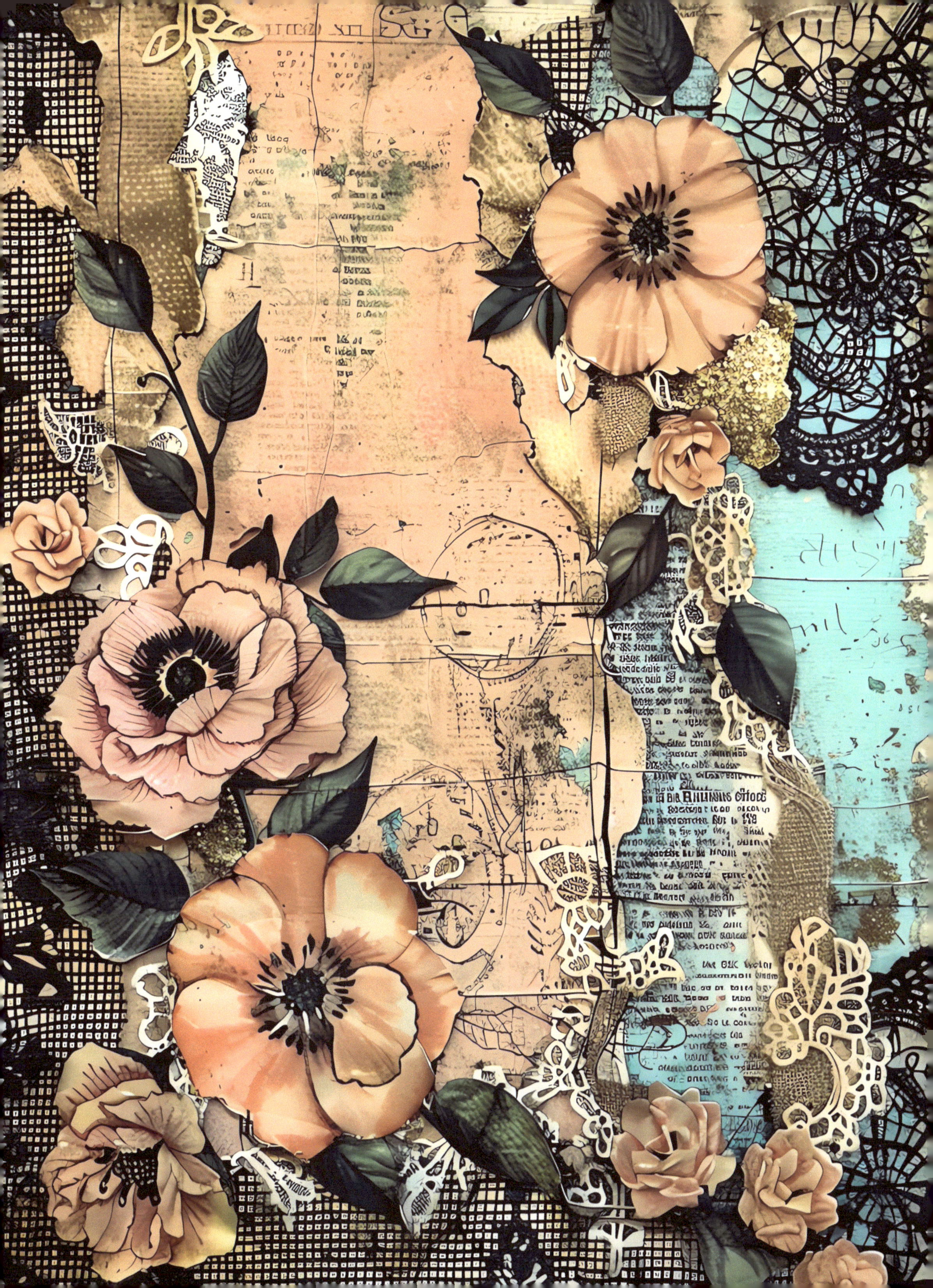

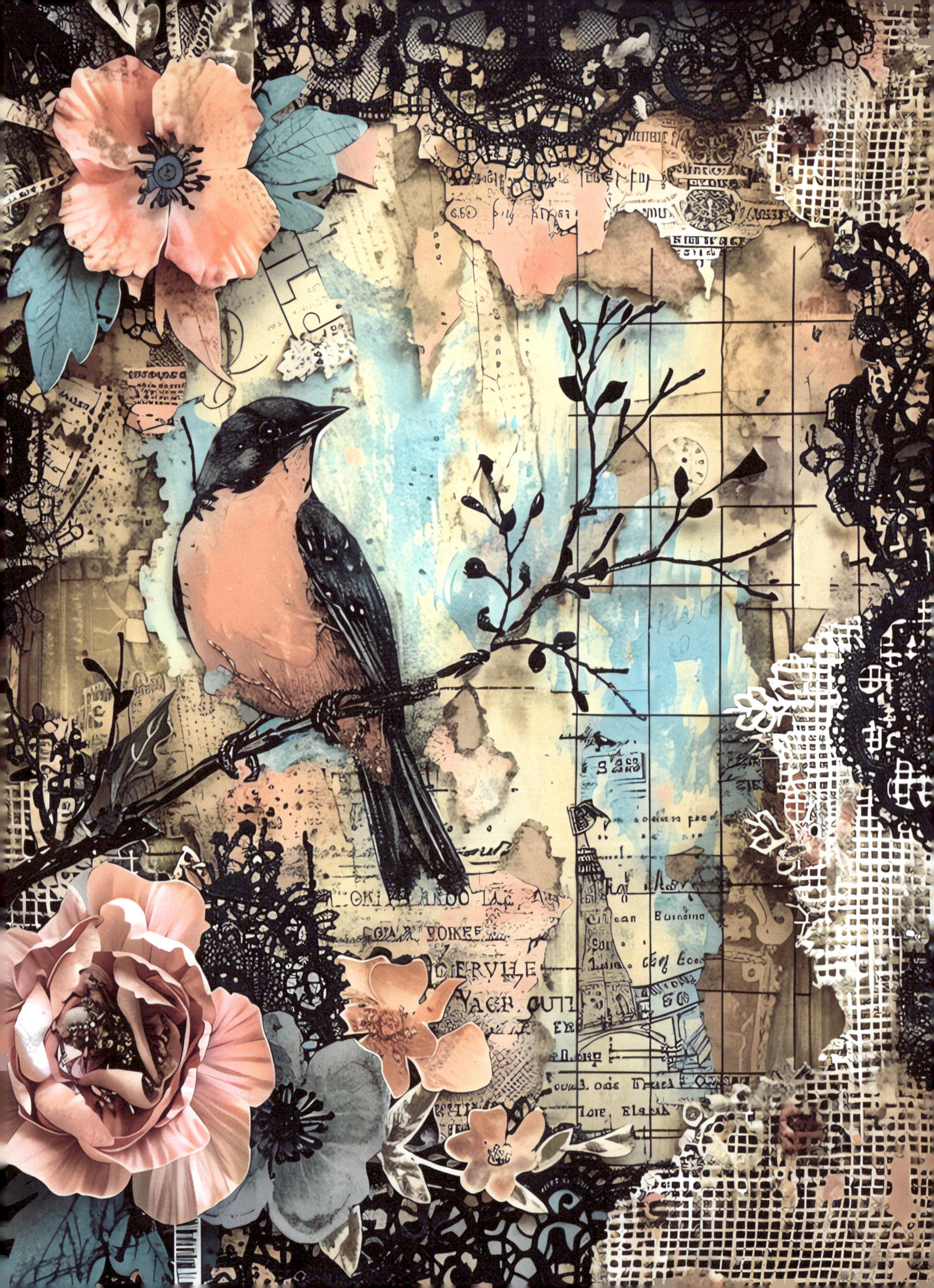

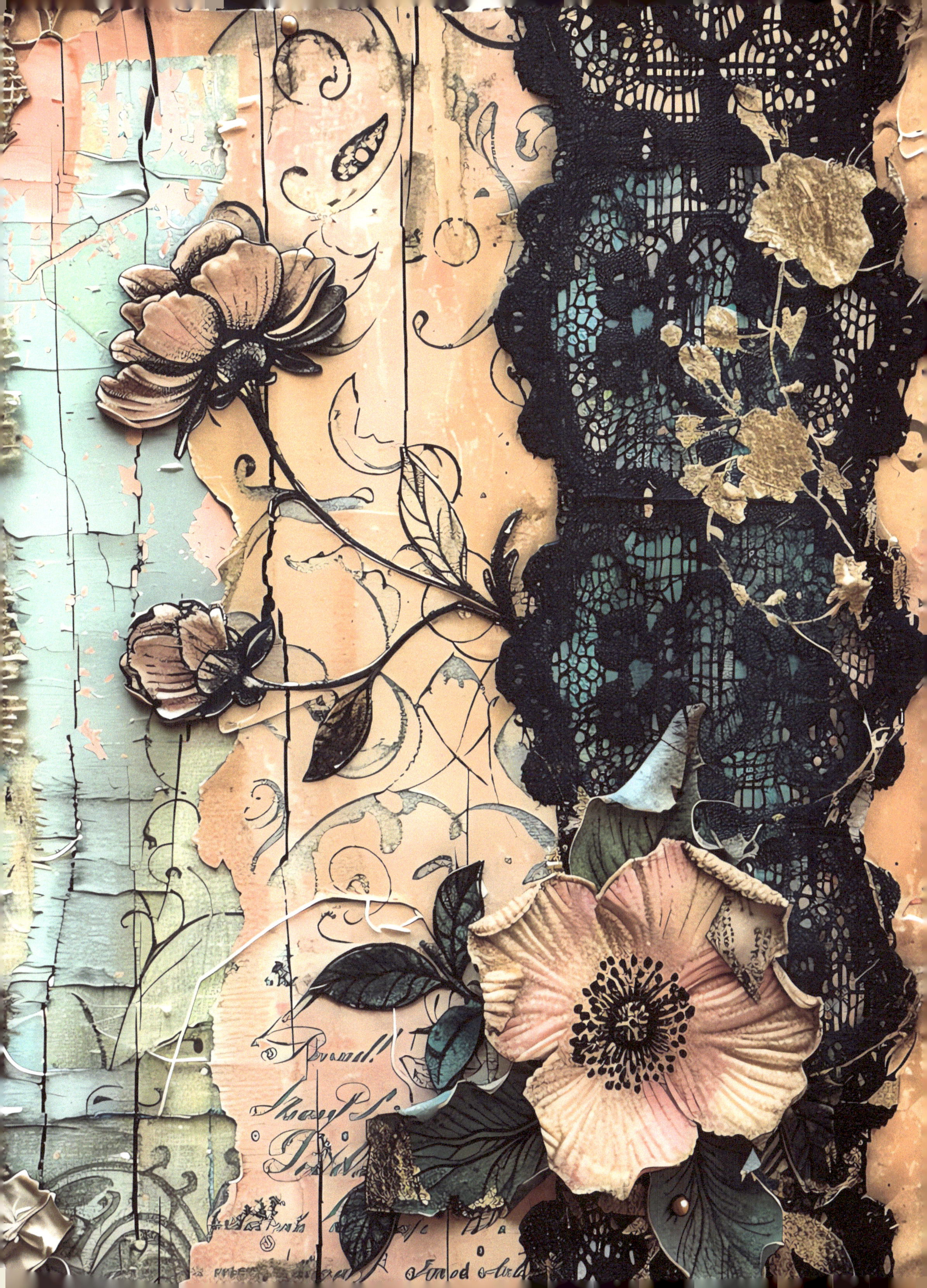

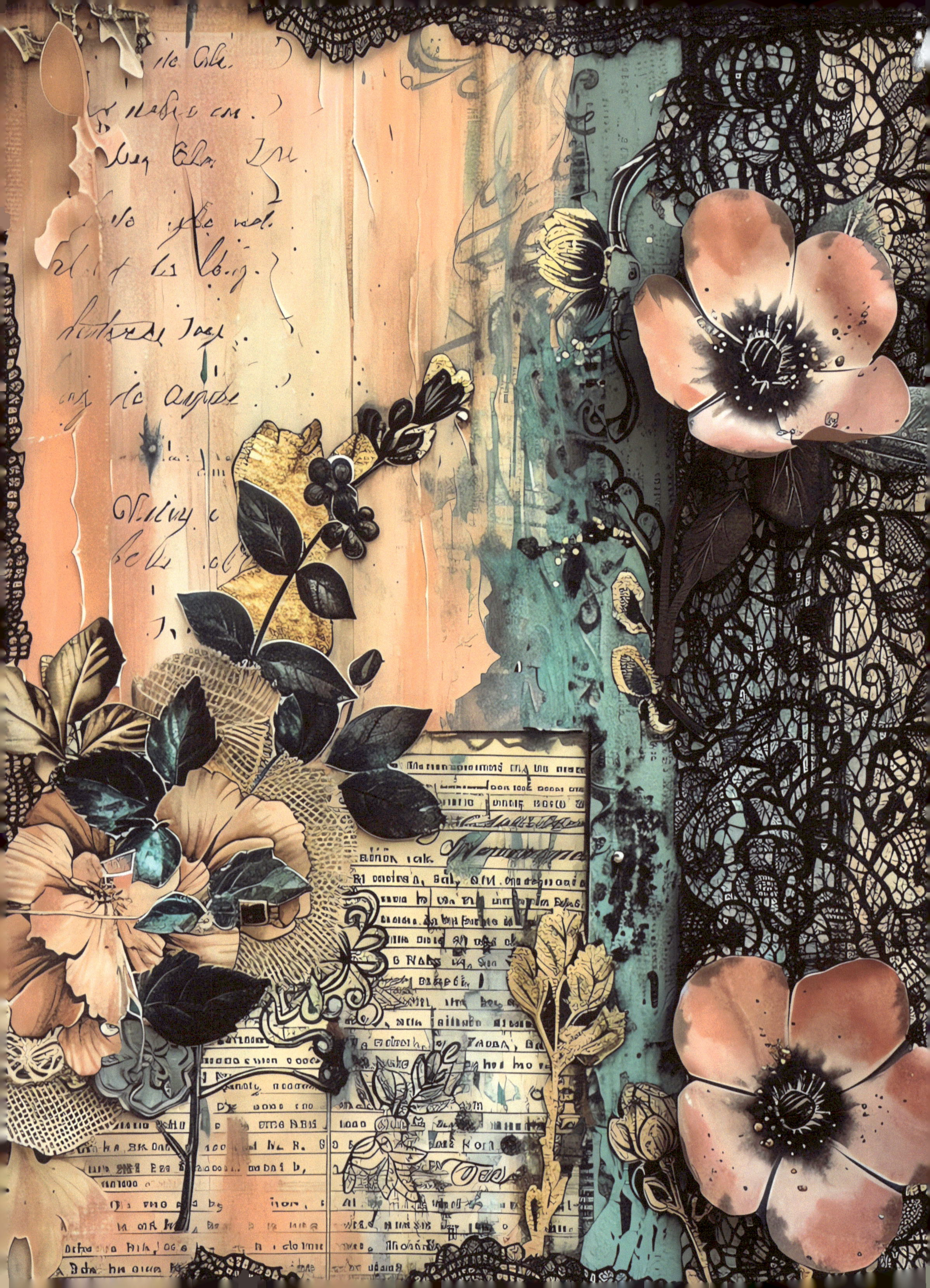

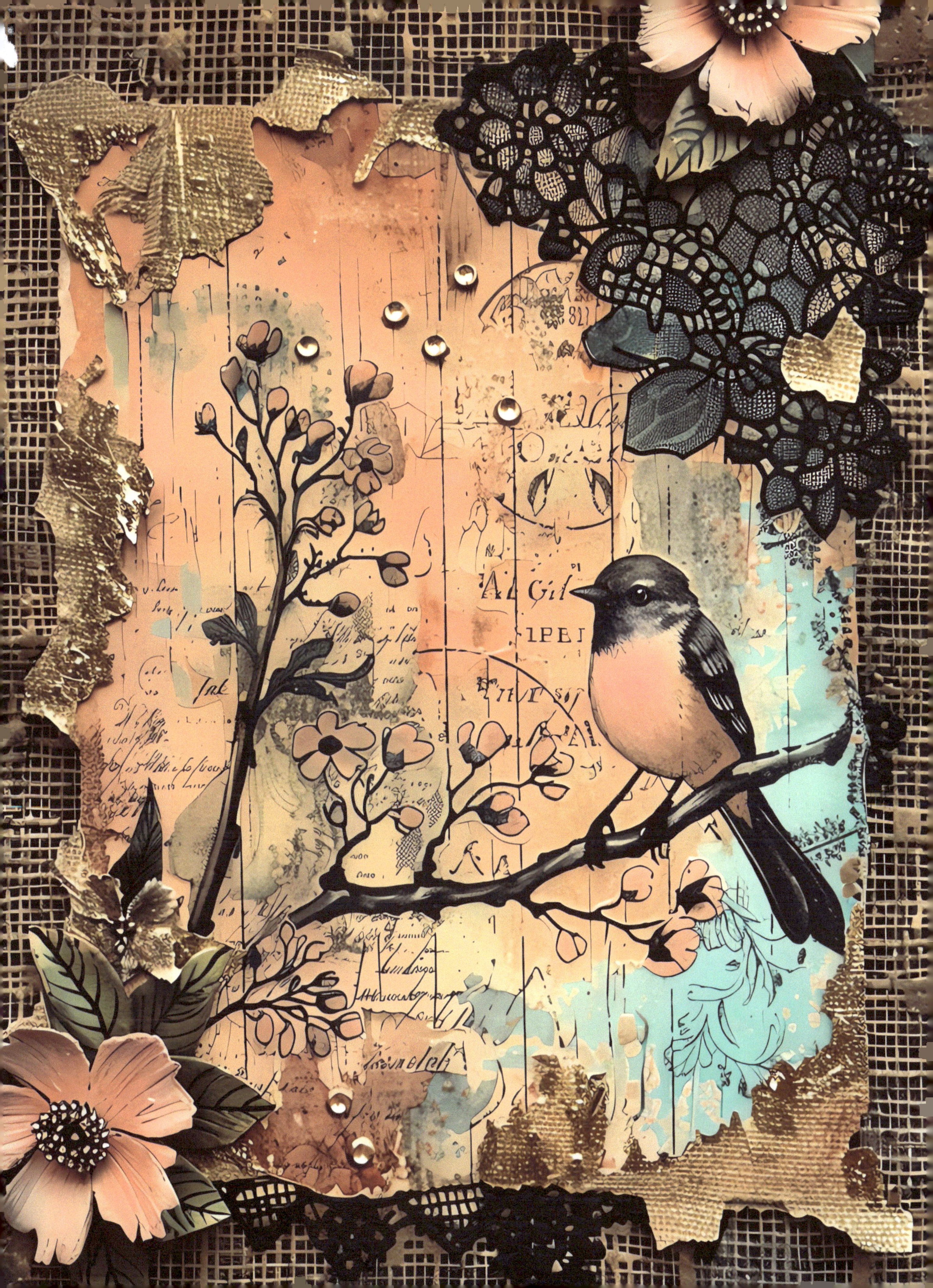

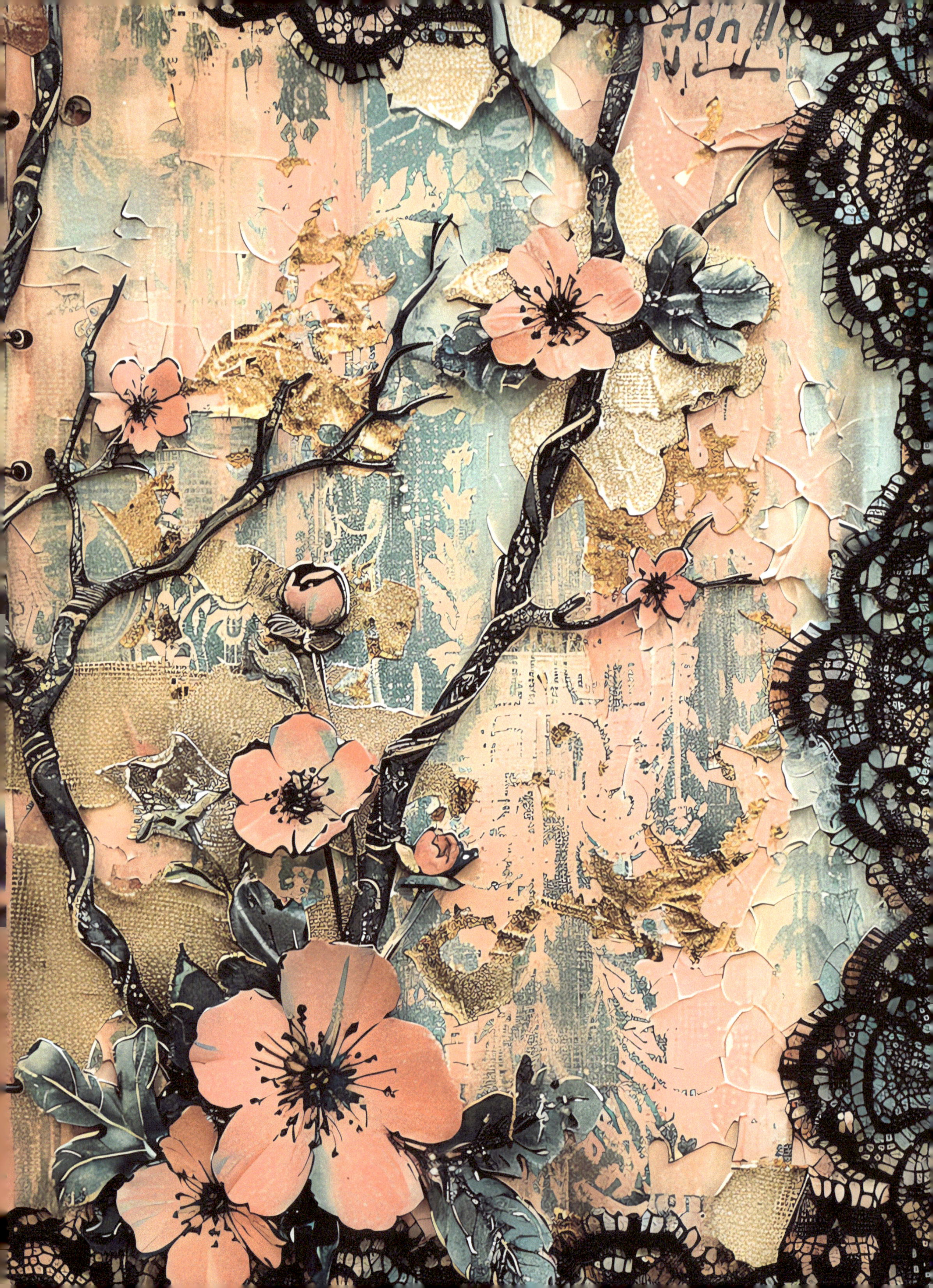

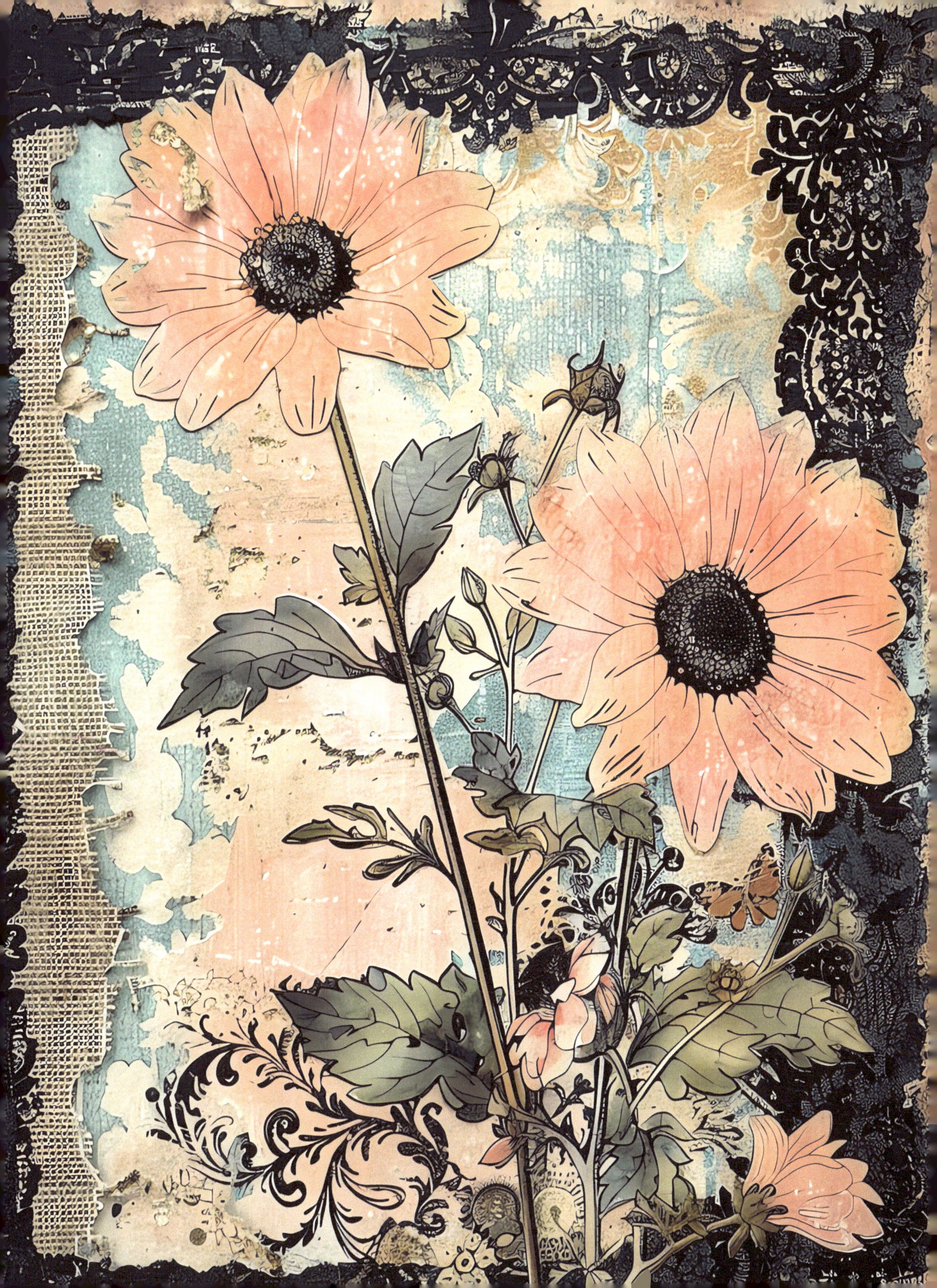

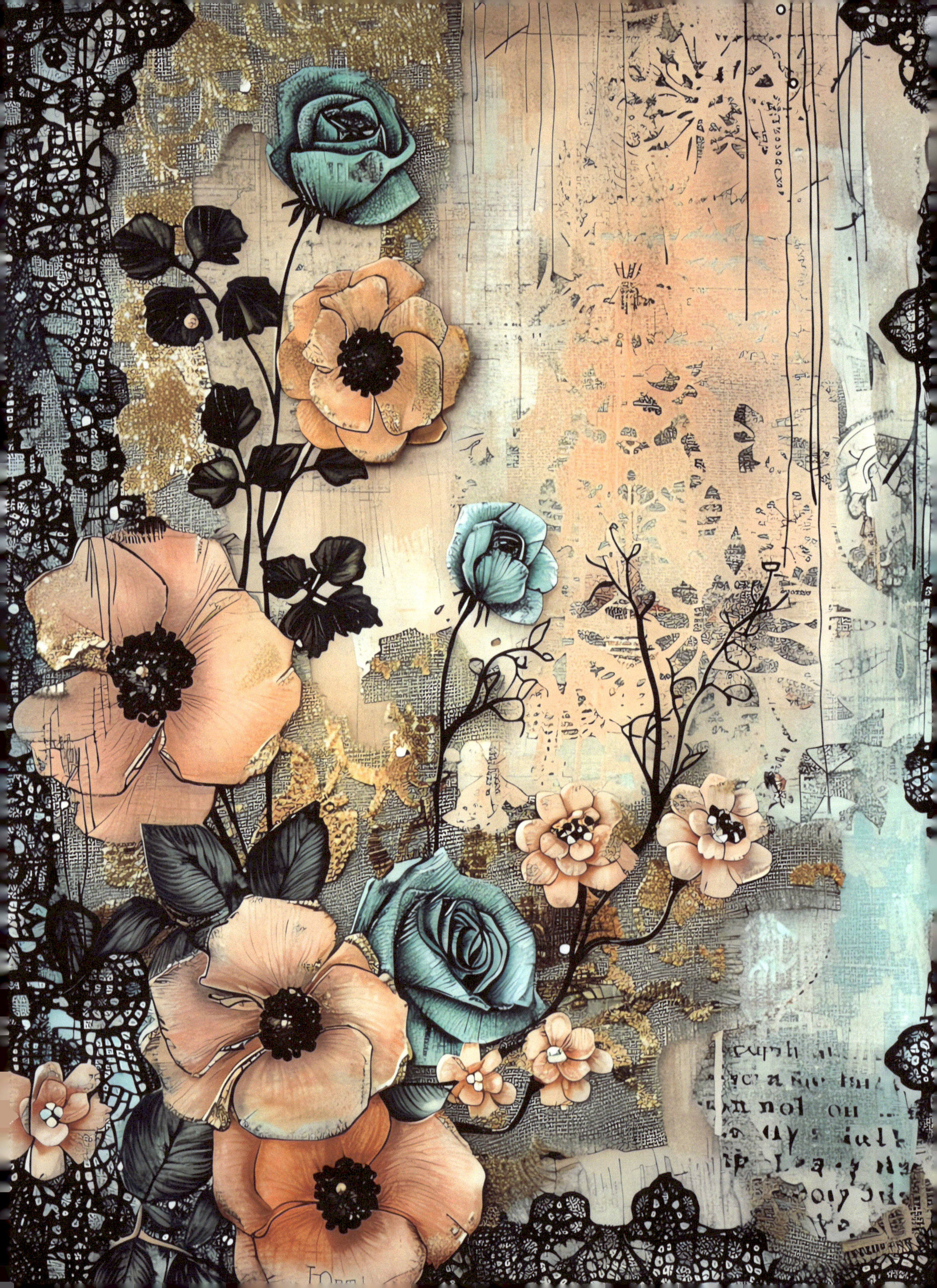

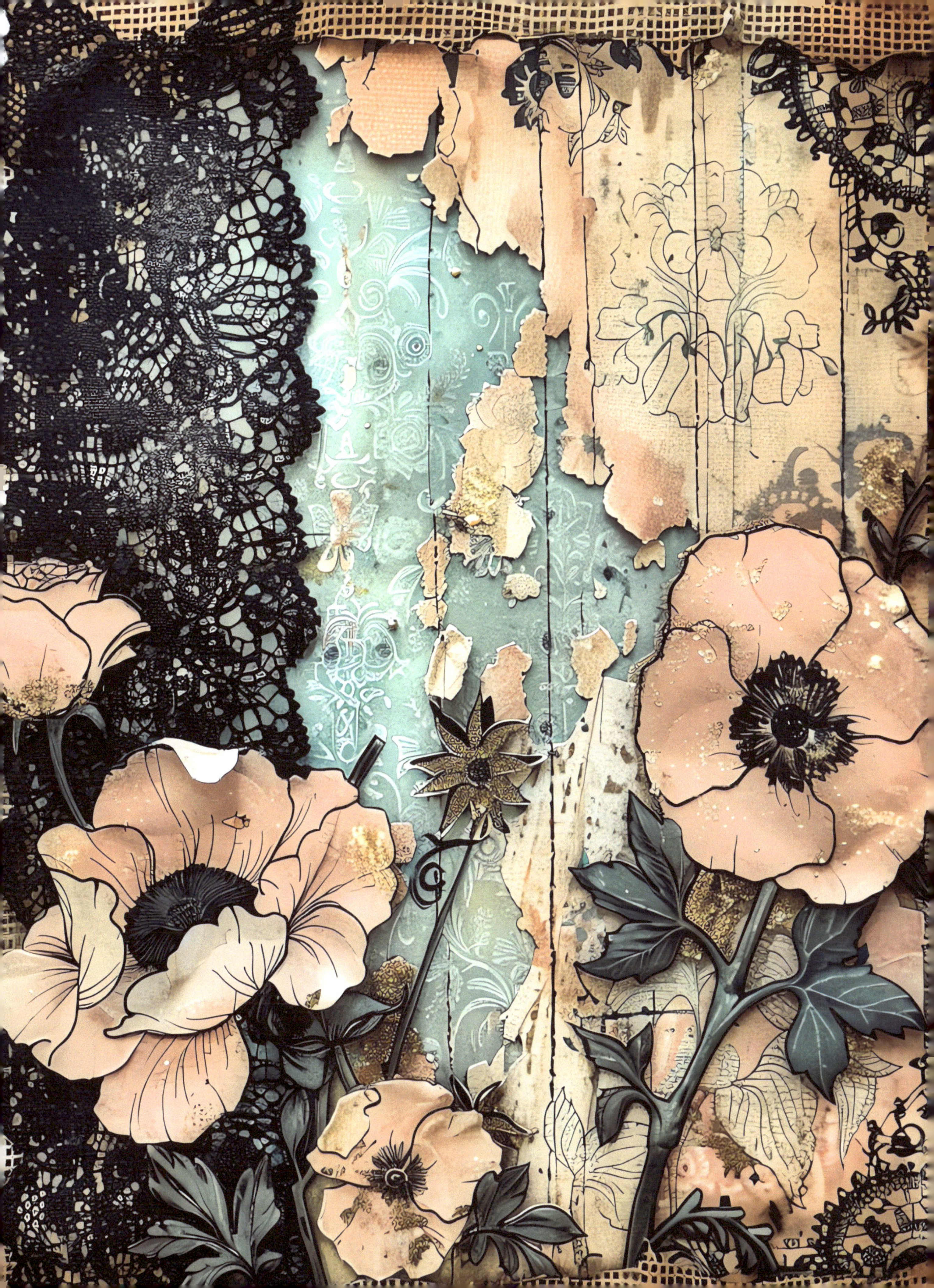

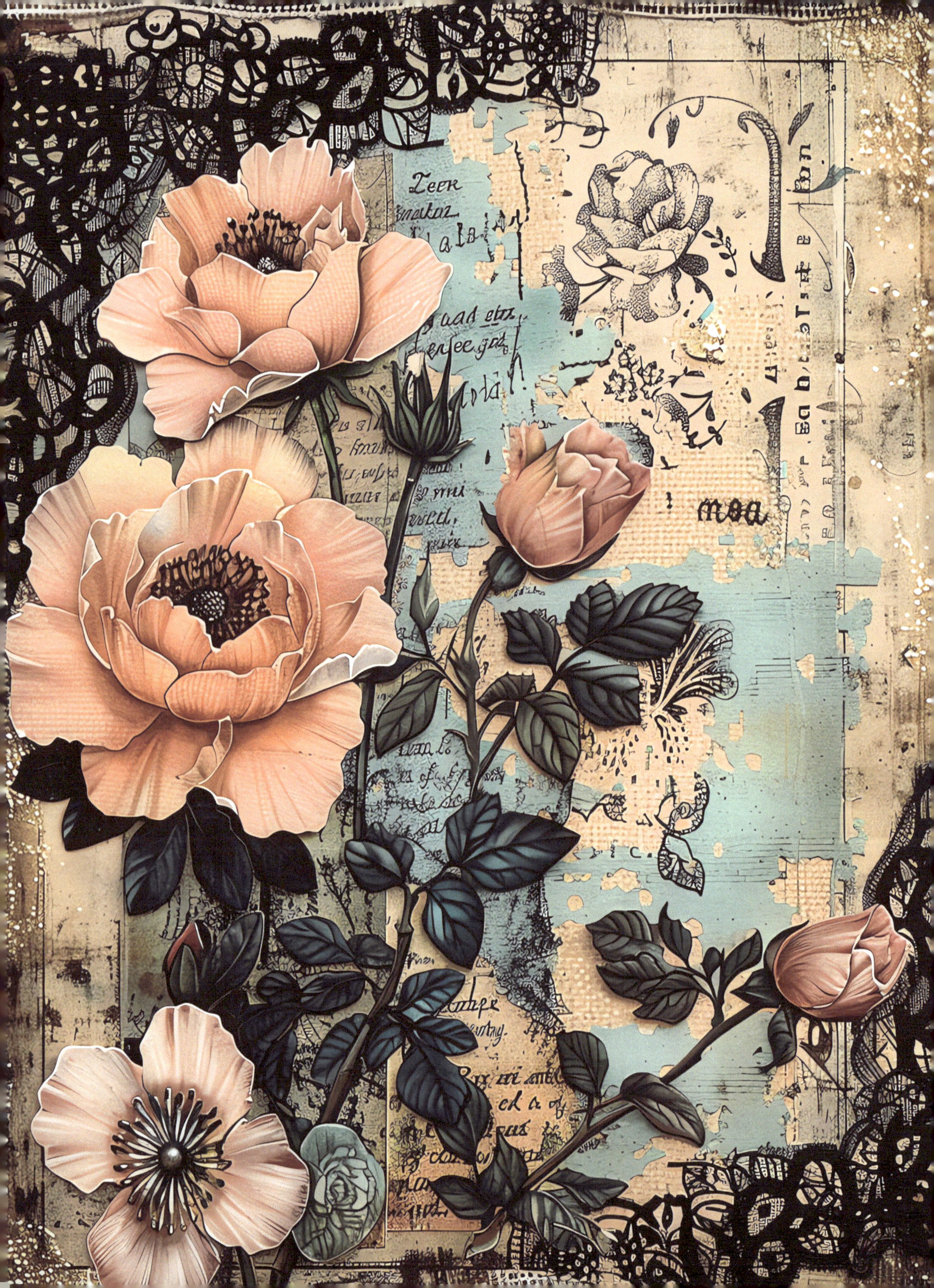

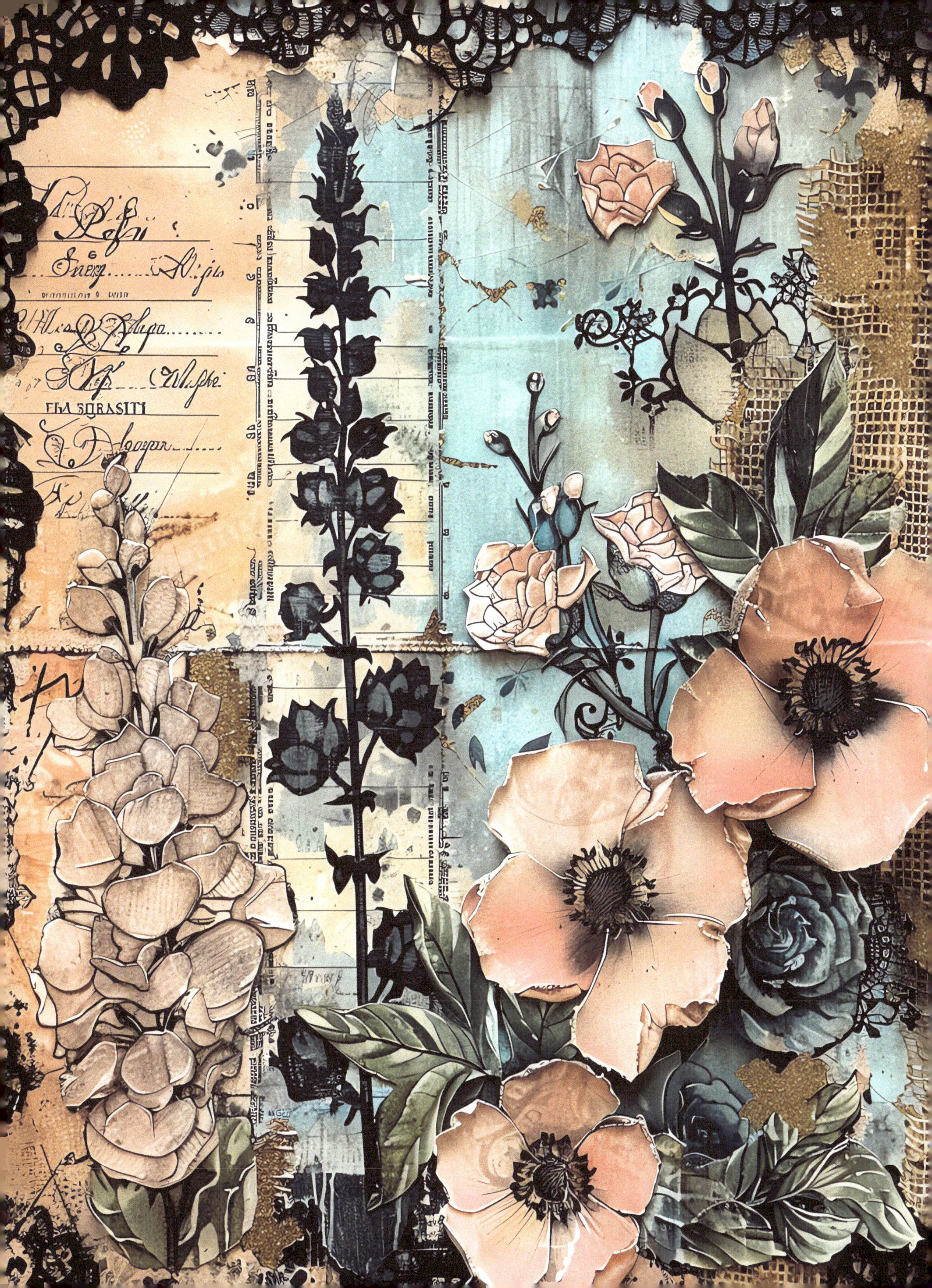
FLA SORASITI

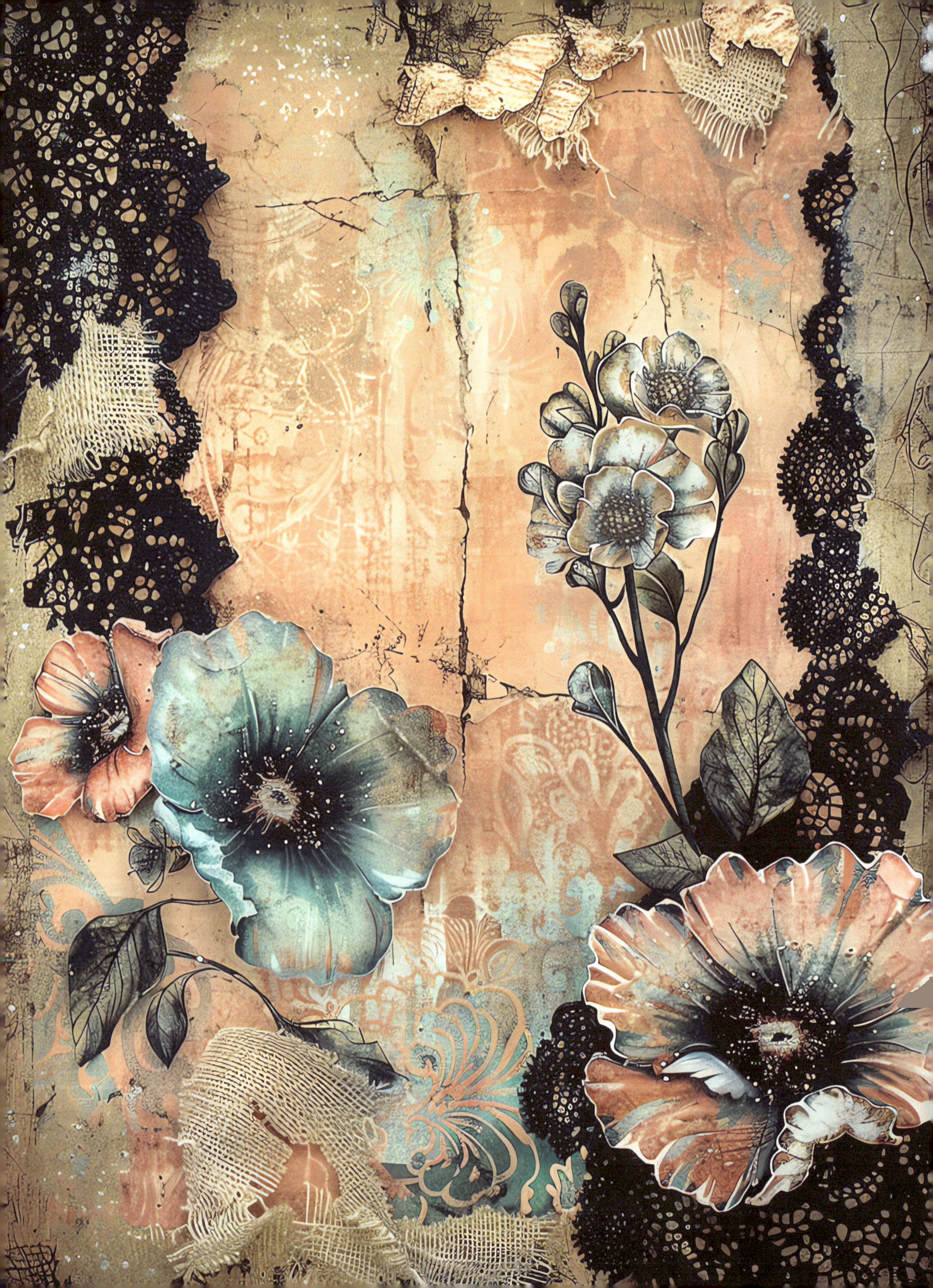

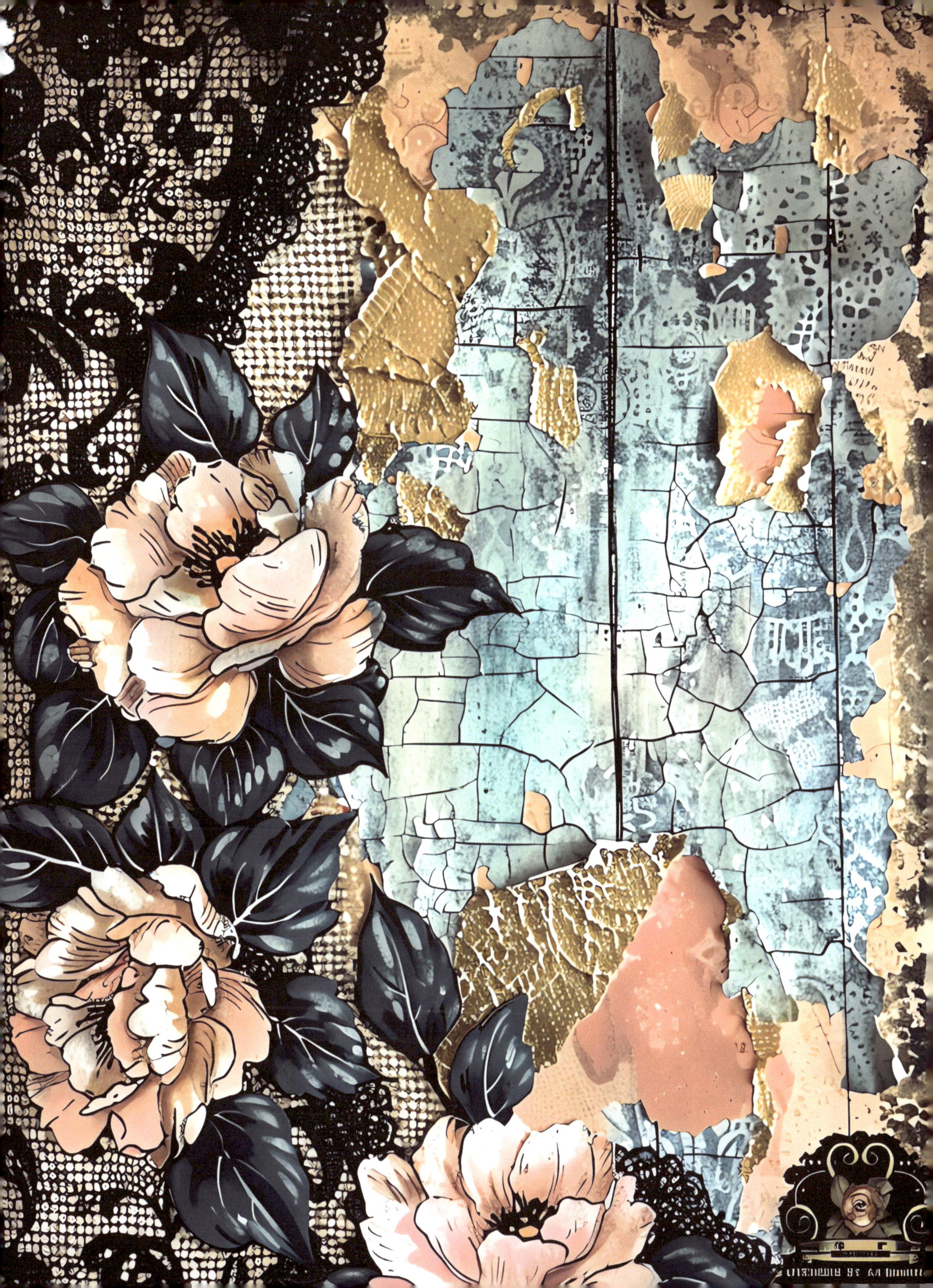

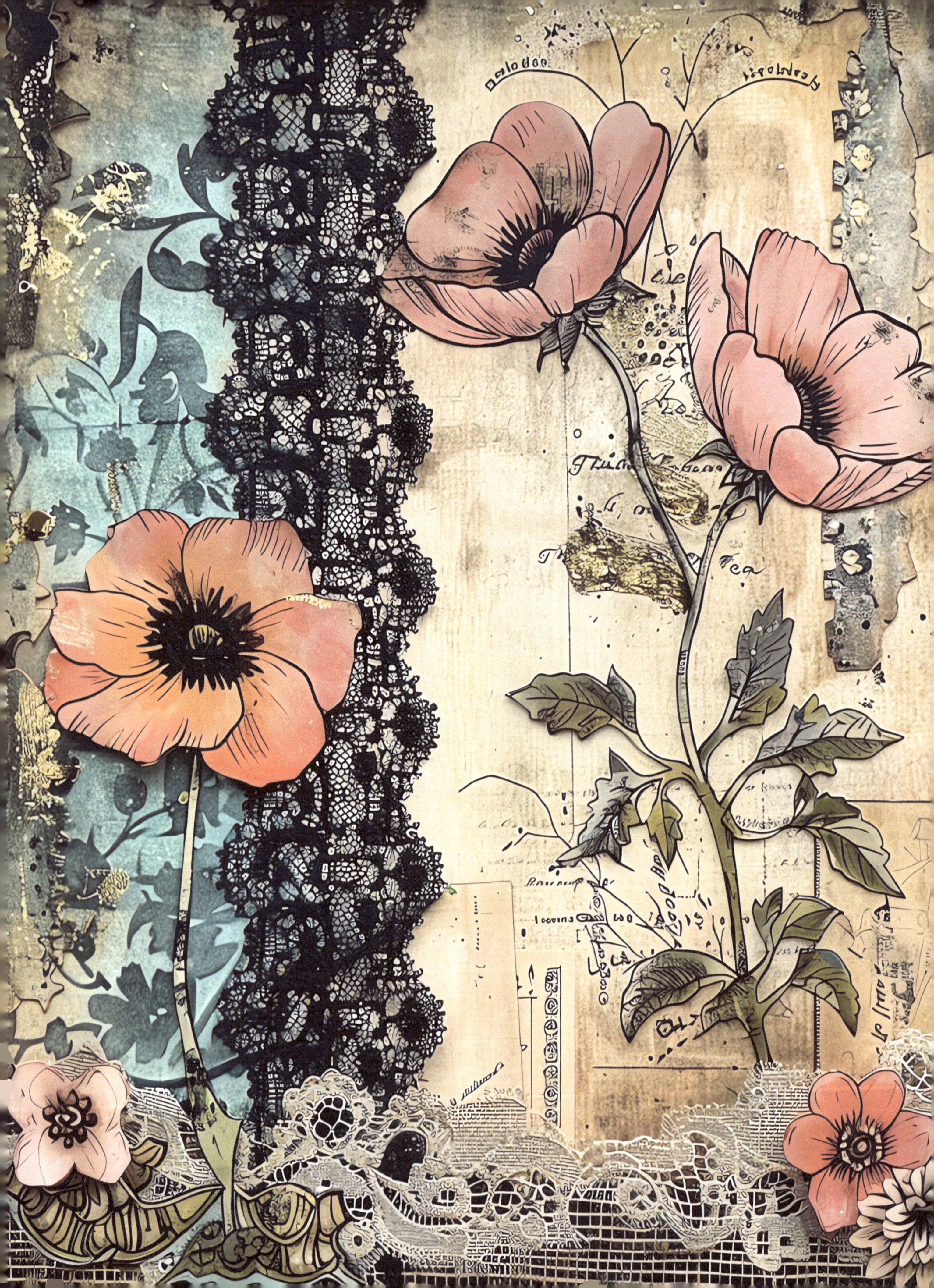

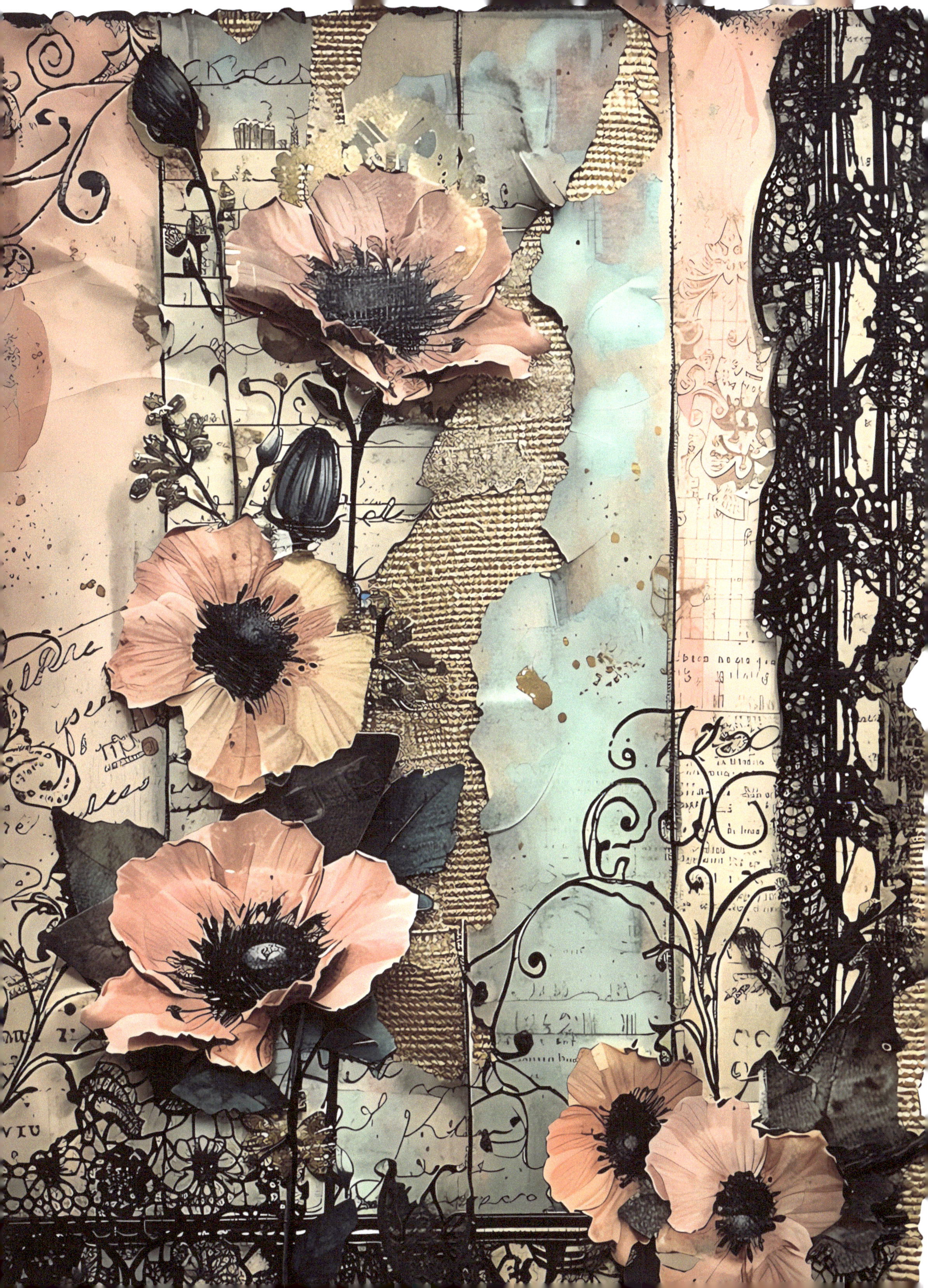

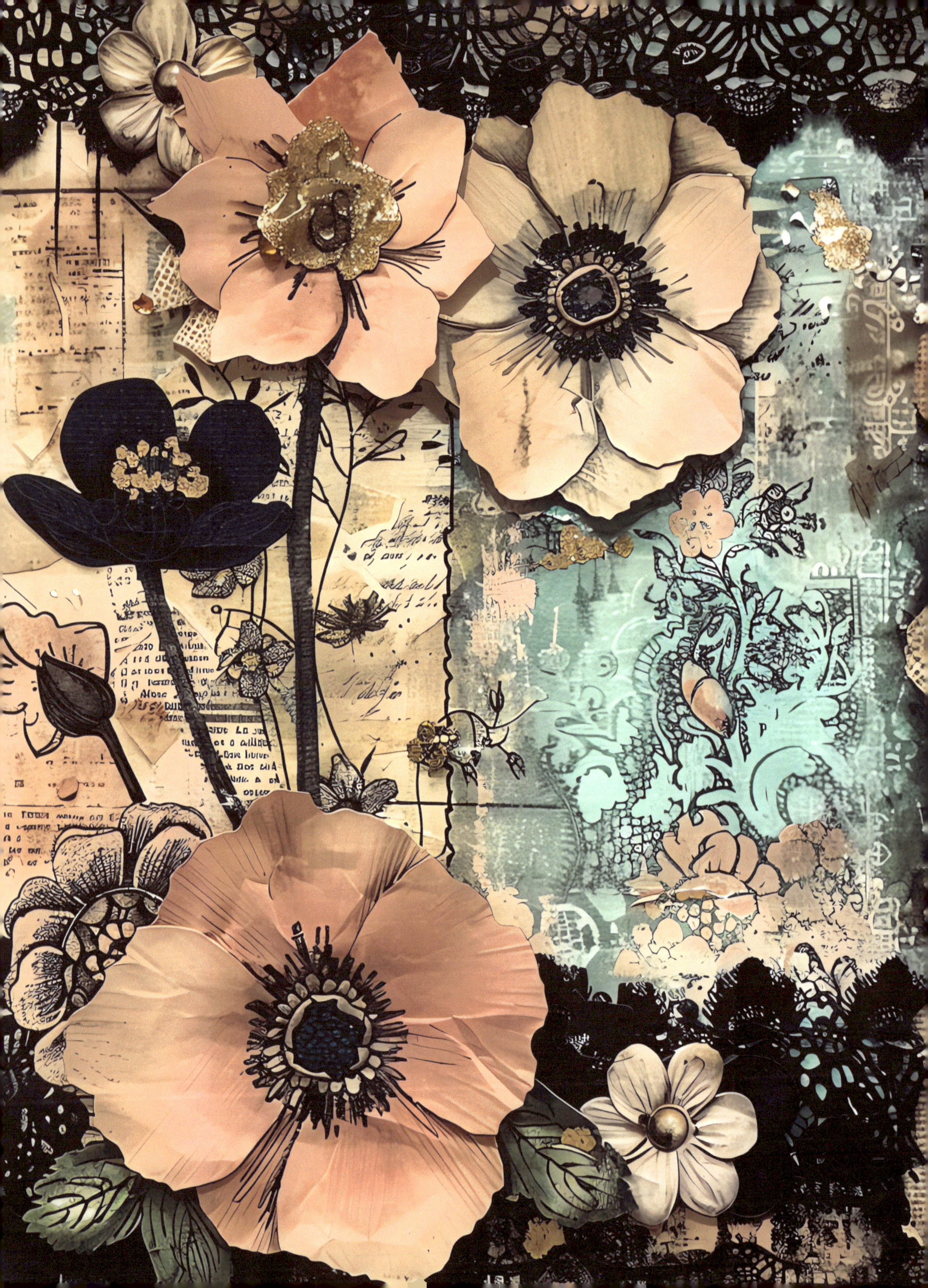

www.ingramcontent.com/pod-product-compliance
Lightning Source LLC
Chambersburg PA
CBHW040442220526
45473CB00004B/1502
* 9 7 9 8 3 0 1 2 3 2 6 0 2 *